小农生产条件下的 农业高质量发展

—— 日本支农政策的探索与实践

马红坤 毛世平 ◎ 著

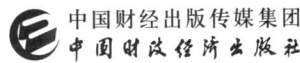

图书在版编目（CIP）数据

小农生产条件下的农业高质量发展：日本支农政策的探索与实践／马红坤，毛世平著．--北京：中国财政经济出版社，2022.8

ISBN 978-7-5223-1488-4

Ⅰ.①小… Ⅱ.①马…②毛… Ⅲ.①农业政策-研究-日本 Ⅳ.①F331.39

中国版本图书馆 CIP 数据核字（2022）第 107780 号

| 责任编辑：张怡然 高 青 | 责任印制：张 健 |
| 封面设计：陈宇琰 | 责任校对：徐艳丽 |

小农生产条件下的农业高质量发展——日本支农政策的探索与实践
XIAONONG SHENGCHAN TIAOJIANXIA DE NONGYE GAOZHILIANG FAZHAN：
RIBEN ZHINONG ZHENGCE DE TANSUO YU SHIJIAN

中国财政经济出版社 出版

URL：http://www.cfeph.cn

E-mail：cfeph@cfeph.cn

（版权所有 翻印必究）

社址：北京市海淀区阜成路甲 28 号 邮政编码：100142

营销中心电话：010-88191522

天猫网店：中国财政经济出版社旗舰店

网址：https://zgczjjcbs.tmall.com

北京中兴印刷有限公司印刷 各地新华书店经销

成品尺寸：170mm×240mm 16 开 12.25 印张 164 000 字

2022 年 8 月第 1 版 2022 年 8 月北京第 1 次印刷

定价：49.00 元

ISBN 978-7-5223-1488-4

（图书出现印装问题，本社负责调换，电话：010-88190548）

本社质量投诉电话：010-88190744

打击盗版举报热线：010-88191661 QQ：2242791300

前　言

近年来，虽然我国正在以各种形式推进适度规模经营，但是不能否认的是，小农户依然是中国农业生产的基本面。根据第三次农业普查数据，到2016年，中国实际经营面积不足10亩[①]的农户数量约为2.1亿个，占农户总数的比例大于90%。[②] 到2020年底，这一比例依然接近80%。与美国户均2 700亩、欧盟户均270亩的数值相比，中国"小农"之"小"体现无疑。即便与两个"小农"邻国日本和韩国相比，2020年，日韩两国户均农地面积分别为46.5亩和22.6亩，也明显高于中国。事实上，中国的"小农"生产特征不仅体现在种植业领域。在畜牧业领域，到2019年，能繁母猪不足500头的养殖户占比约为72%，出栏500头以下的中小养殖户占比更是超过99%。[③]

需要清醒地认识到，大国小农、小规模农户作为中国农业生产基本面的农业发展格局，在未来相当长一段时间内仍将保持。即便中国在2030年顺利实现70%的城镇化目标，届时依然有约4亿~5亿人在农村生活。[④] 对于在城镇化进程中进城的农户，其离村并不意味着离农。在重农爱农情结浓厚、生产经营便利化程度提高以及进城农民社会保障体系尚不健全等诸多因素影响下，大量进城农民将以"离村不离农"的形式开展兼业经营。

---

① 1亩≈0.067公顷。
② 资料来源：第三次农业普查数据。
③ 资料来源：农业农村部新闻办公室于2019年12月17日例行新闻发布会。
④ 资料来源：70%城镇化率来源于《国家人口发展规划（2016—2030年）》；4亿~5亿农村人口数据为作者基于全国总人口估算。

据全国农村经营管理系统统计数据，2018年全国农村地区一兼农户、二兼农户[①]和非农户占比分别为18.1%、8.7%和9.6%；2020年，全国农民人均可支配收入构成中，经营性收入不足35%，非农的工资性收入则已超过40%（叶兴庆，2021）。正因如此，农业农村部作出"人均一亩三分地、户均不过十亩田的小农生产方式，是需要长期面对的基本现实"的形势判断。[②]

鉴于在数量上具有绝对主体地位，也可以说，小农户在当前和今后一段时期依然是保障国家粮食安全和农产品有效供给的基础。小农户与现代农业形成功能互补，将是整个国家现代化进程健康稳步推进的基础和重要组成部分。然而，当前的现实是，同各类新型农业经营主体相比，我国的小农户在新技术采纳、对接大市场、防范和抵御经营风险、保障农产品质量安全等方面面临更多困难。小农户之间、小农户与合作社和社会化服务组织以及农业产业化龙头企业之间的利益联结机制也尚不完善。为了以强大的第一产业筑牢国家发展的"压舱石"，我国很有必要立足当前的小农生产条件，强化支农惠农，努力提升农业发展质量。

"他山之石，可以攻玉。"为了给我国推进小农生产条件下农业高质量发展提供更有价值的经验和借鉴，本书选取与我国农业资源禀赋、小农生产格局具有较大相似性的邻国日本为研究对象，从多个角度，对日本的典型做法和构建的政策体系进行系统探究。本书分为三个部分共九章，以"总—分—总"的范式展开研究。其中，第一部分包含第一章，主要阐述日本小农生产格局的形成和典型特征。第二部分包含第二章至第八章，分别从推动农地集中以改善小农生产格局、加强农业基本建设以夯实小农生产基础、撬动社会资本以赋能"六次产业化"进而实现产业融合、强化科

[①] 一兼农户是指以农业经营为主的兼业农户，其农业经营收入超过总收入的50%；二兼农户是指以非农经营为主的兼业农户，其农业经营收入占总收入的比例不足50%；与这两个概念相对应的是纯农户和非农户，二者农业经营收入占比分别为100%和0。

[②] 资料来源：http://www.moa.gov.cn/xw/zwdt/202107/t20210715_6372011.htm。

技创新为农业发展插上科技"翅膀"、布局智慧农业以实现小农生产的职能转型、推动农协改革以完善社会化服务体系、构建政策体系以提升农业总体竞争力七个方面,对日本近年来努力推动小农生产同现代农业有效衔接的探索和实践进行系统研究。第三部分包含第九章,对日本聚焦小农生产条件下的农业高质量发展,通过修订"农业宪法",以法律条文形式对农业政策进行系统部署进行整体论述。全书主要内容如下:

第一章"小农生产格局:日本农业现代化的立足点":从两个层面阐述了日本的小农生产格局。第一个层面是日本小农生产格局的形成;第二个层面则是日本小农生产格局的现实特征。总体来说,在侵华战争和太平洋战争后(以下简称"战后")农地改革过程中,日本有限的耕地面积被更多生产主体分摊,是小农生产格局形成并强化的直接原因。从特征层面看,小农生产格局下的日本农地具有"细碎零散"特征:地块狭小,零散分布。为了增强农业政策的问题导向,小农生产格局成为日本进行后续农业改革的立足点。

第二章"推进农地集中:一个甲子的艰难探索":对1961年以来日本推进农地集中,试图实现适度规模经营的艰难探索进行系统论述。在半个多世纪推动农地集中的进程中,日本先后出台鼓励出售、租赁、选择性结构政策、放开准入以及建立流转中介等多种措施以加快农地流转,但收效甚微。相比于"第一个飞跃"的行政推动,"第二个飞跃"中改革手段太过温和、措施不到位、政策不协调、流转市场失灵,是制约"第二个飞跃"推进效率的主要原因。日本的经验教训对我国实现农业适度规模经营的启示是:更加注重以行政配置资源的方式推动适度规模经营;发展适度规模经营不能一蹴而就、操之过急;综合社会保障、差别化补贴、建立流转中介机构等多种措施,加快农地流转。

第三章"强化基本建设:筑牢现代农业发展基础":系统研究日本的农业基本建设投资体系。日本从20世纪下半叶开始构建并逐步完善其农业基本建设投资体系,为农业产业高效发展和农产品有效供给提供坚实的基础保障。由于日本与中国具有相似的农业资源禀赋，其农业基本建设投资体系值得我们学习和参考。本章首先探究了日本农业基本建设投资体系的历史演变，其次梳理分析了其农业基本建设投资体系的现实特征，最后从五个方面总结提炼出日本经验对我国农业基本建设投资的有益借鉴和启示。

第四章"撬动社会资本：赋能一二三产业融合"：从社会资本角度，探究日本推动资本下乡，以之赋能一二三产业[①]融合的政策体系。本章以日本设立A-FIVE以强化社会资本支持"六次产业化"为研究对象，系统分析了A-FIVE的设立背景、出资和业务概况及其投资机制，总结出政府在基金设立、风险缓释和宏观把控等方面积极作为，坚持基金市场化运作，强化"务农""姓农"和"为农"色彩，确保农民利益最大化等A-FIVE支持"六次产业化"发展的特点。基于上述分析和发现，本章总结出A-FIVE对我国强化社会资本支持一二三产业融合的启示。

第五章"强化科技支撑：赋能农业高质量发展"：通过分析日本在"科技立国"理念指导下建立的农业科技创新的组织体系、政策体系、投入体系的现实特征，为加强中国农业科技创新体系建设提供参考借鉴。研究发现：日本在推动农业科技创新方面构建了包括协调型的农业科技创新管理机制、"官、产、学"各具特色并联合开发的农业技术创新机制、多层次农协组织与多元化技术转移机构共存的农业技术推广机制等在内的创新组织体系。日本在国家战略层面突出科技创新，形成由政府主导、企业重点参与、农民协作的农业技术创新政策体系，辅以科技人才支持和法制化保护的辅助政策体系，并形成了公共科研机构为主导、企业为主体、大学紧密配合的农业科技创新投入体系。

第六章"发展智慧农业：加快小农生产智能转型"：选取同为小农国家、智慧农业发展初见成效的日本为典型案例，系统分析了其智慧农业的发展缘起、路径选择和政策措施，重点对中日两国智慧农业的功能定位、

---

① 全书统一将"第一、第二、第三产业"简称为"一二三产业"。

发展阶段和现实条件等进行了比较分析。研究发现，在农业人口流失、竞争力弱化、农政改革初显成效的背景下，日本政府明确了智慧农业立足小农、服务小农的发展方向，通过强化政府主导、完善市场机制、加快农业结构改革和强化技术人才支撑等一系列措施，智慧农业发展初显成效。基于日本的经验和中日两国智慧农业发展异同的比较分析，本章提出了立足当前又着眼未来的智慧农业发展路径和相应政策建议。

第七章"开启农协改革：重塑社会化服务职能"：从三个层面对2015年开始的日本农协改革进行系统阐述。第一个层面是改革的背景。总体来看，改革前的日本农协虽然为日本农业农村发展作出了重要贡献，但也面临官僚主义日益严重、业务偏离初衷等问题，而裹挟民众影响日本农政改革，尤其是反对日本急于参与的跨太平洋伙伴关系协定（TPP）谈判成为安倍晋三政府进行农协改革的直接诱因。第二个层面是改革的推进思路。针对农协出现的问题，2015年开始的农协改革，主要沿着去集权化、专业化和市场化三个方向推进。第三个层面是对日本农协改革的反思。鉴于日本农协改革尚未完全结束，部分改革措施的后续影响正在陆续释放，因此本章仅从改革目标不够明确、影响基层农协正常运营、阻塞农民维权渠道三个方面进行讨论。

第八章"'防御'转向'进攻'：强化农业整体竞争力"：深入分析了日本农业支持政策的理念从防御到进攻转变的缘起，梳理了日本构建的旨在增强农业竞争力的政策体系。结合我国当前增产导向的农业支持政策体系及竞争力弱化的现状，凝练出日本经验对加快我国的农业支持政策向竞争力导向转型的启示：加快"防御"到"进攻"的农业支持理念的转变；强化农业基础条件，提高农业生产能力；降低农业生产成本，提高农产品附加值；多管齐下，开拓国际国内两个市场；激发农村发展活力，推动乡村振兴。

第九章"修订'农业宪法'：聚焦小农生产的高质量发展"：对前首相安倍晋三执政末期推动的"农业宪法"修订进行系统研究。本次修订

《食物·农业·农村基本计划》，日本以推动小农高质量发展为基本导向，设置了2030年日本农业在保障食物自给方面的奋斗目标，围绕该目标的实现，从增强食物供给能力、强化小农生产基础、激发偏远地区活力、推动小农绿色生产、提升小农抗冲击能力和检视农民组织改革成效六个维度进行了未来十年的政策部署。本次修订的启示是：立足小农、服务小农、强化小农是推动小农高质量发展的根本遵循；确保粮食安全是推动小农高质量发展的第一要义；实现"人""地"和"技术"的高质量是推动小农高质量发展的关键；强化农村内生发展是推动小农高质量发展的重要方面；加大农业投入是推动小农高质量发展的重要手段。

鉴于本书的写作目的是在系统深入研究日本农业政策体系的基础上，能够以日本为鉴，为中国在小农生产条件下构建旨在推动农业高质量发展的政策体系提供参考和启示，因此，本书着力突出"镜鉴"和"启示"。具体来说，本书在撰写过程中，紧扣获得经验启示、提出可行建议的主题，在撰写绝大多数章节时，都相应探究了日本典型做法和政策对中国的启示，基于启示提出了针对性政策建议，这是本书的一大特色。

本书的顺利完成得到了多位学者和研究生的鼎力支持。其中，中国社会科学院农村发展研究所于法稳研究员、中国人民大学农业与农村发展学院孔祥智教授、北京大学中国农业政策研究中心王晓兵副教授等专家学者在论文撰写过程中，提供了诸多指导和很有价值的修改意见；山东师范大学经济学院乔翠霞院长和夏雯雯老师参与了第九章的讨论和修改；威斯康星大学麦迪逊分校的博士生龚雅婷、华南理工大学的博士生李慧泉分别为第三章和第五章的完成作出了不可替代的贡献；山东师范大学曹原老师作为日本农协问题专家，为第七章的写作提供了大量一手资料，并帮助进行全书的统稿工作。此外，还有部分"三农"领域的专家学者和研究生，对部分章节的修改和完善提出了诸多很有价值的意见和建议，由于篇幅所限，在此不再逐一致谢。

财政支农是国家支农惠农的重要政策工具。近年来，"三农"领域一直是我国公共预算投入的重点，财政支农力度的加大，对我国支持种业振兴，提升耕地保护水平，促进畅通城乡经济循环，以及实现农业高质量发展作出了巨大贡献。如何在新发展格局下，立足我国农业发展的基本实际，进一步完善财政支农政策体系，进而加快推进乡村振兴，值得系统深入研究。本书作者马红坤参与组建山东师范大学县域经济研究院以来，团结带领研究院部分教师在财政支农领域开展了卓有成效的研究，承担了多项相关课题，取得了一系列科研成果。本书作为财政部委托课题"新发展格局下我国财政支农政策与战略研究"（项目编号：125161005000210003）系列研究成果的组成部分，得到了该项目的出版资助，在此表示感谢。

鉴于支农政策工具对小农生产条件下农业高质量发展影响的研究内容的综合性和创新性，本书难免有不足之处，敬请读者特别是同行专家批评指正。

马红坤　毛世平

2022 年 8 月

Contents | 目　录

第一章　小农生产格局：日本农业现代化的立足点 ………………… 1
　　一、日本小农生产格局的形成 ……………………………………… 1
　　二、日本小农生产格局的现实特征 ………………………………… 4
　　三、本章小结 ………………………………………………………… 8

第二章　推进农地集中：一个甲子的艰难探索 ……………………… 9
　　一、着力推进农地集中的背景 ……………………………………… 9
　　二、推进农地集中的艰难探索 ……………………………………… 11
　　三、推进农地集中的绩效评价 ……………………………………… 16
　　四、日本农地集中收效缓慢的内在原因 …………………………… 19
　　五、日本农地集中的努力对中国的启示 …………………………… 21
　　六、本章小结 ………………………………………………………… 23

第三章　强化基本建设：筑牢现代农业发展基础 …………………… 24
　　一、日本农业基本建设投资体系的演变 …………………………… 24
　　二、日本农业基本建设投资体系的现实特征 ……………………… 28
　　三、对我国农业基本建设的启示 …………………………………… 34
　　四、本章小结 ………………………………………………………… 40

第四章　撬动社会资本：赋能一二三产业融合 ……………………… 41
　　一、日本设立 A‑FIVE 的背景 ……………………………………… 43
　　二、A‑FIVE 的出资和业务概况 …………………………………… 44

三、A–FIVE 赋能乡村产业的内在机制 …………………………… 48
　　四、A–FIVE 赋能乡村产业的典型经验 …………………………… 54
　　五、基于日本实践的启示 …………………………………………… 60
　　六、本章小结 ………………………………………………………… 62

第五章　强化科技支撑：赋能农业高质量发展 …………………………… 63
　　一、日本的农业科技创新和技术转移体系 ………………………… 64
　　二、强化农业科技创新和技术转移的制度供给 …………………… 68
　　三、强化农业科技创新和技术转移的要素投入 …………………… 74
　　四、对中国的启示 …………………………………………………… 78
　　五、本章小结 ………………………………………………………… 81

第六章　发展智慧农业：加快小农生产智能转型 ………………………… 82
　　一、日本发展智慧农业的缘起 ……………………………………… 84
　　二、日本智慧农业的发展路径 ……………………………………… 87
　　三、中日两国智慧农业发展的比较分析 …………………………… 93
　　四、日本发展智慧农业对中国的启示 ……………………………… 98
　　五、本章小结 ………………………………………………………… 103

第七章　开启农协改革：重塑社会化服务职能 …………………………… 104
　　一、日本农协存在的问题 …………………………………………… 105
　　二、农协改革的推进思路 …………………………………………… 111
　　三、对农协改革的反思 ……………………………………………… 115
　　四、本章小结 ………………………………………………………… 116

第八章　"防御"转向"进攻"：强化农业整体竞争力 …………………… 117
　　一、日本构建新型农业政策体系的缘起 …………………………… 118
　　二、日本的进攻型农业政策新体系 ………………………………… 121

三、日本农业新政的启示与政策建议 …………………………………… 136
　　四、本章小结 ……………………………………………………………… 142

第九章　修订"农业宪法"：聚焦小农生产的高质量发展 ………………… **144**
　　一、再次修订《基本计划》的背景 ……………………………………… 145
　　二、本次修订确立的政策目标 …………………………………………… 150
　　三、本次修订确立的政策体系 …………………………………………… 152
　　四、与2015年《基本计划》的比较 ……………………………………… 162
　　五、日本最新修订《基本计划》对中国的启示 ………………………… 165
　　六、本章小结 ……………………………………………………………… 170

参考文献 ………………………………………………………………………… **171**

第一章　小农生产格局：日本农业现代化的立足点

同其他东亚国家相似，日本的农业发展也面临人多地少的资源禀赋短板。日本农林水产省最新数据显示，到2022年初，日本各类耕地总面积约为435万公顷，各类农户总数约为174.7万户，基于这两个数据的简单估算可知日本全国户均农地面积不足2.5公顷。如果除去已经实现规模经营的4万个团体性农业经营主体，尤其是3.2万农业法人，则剩余个体农户户均拥有的农地面积更少。[①] 可以说，经过多年实现适度规模经营的努力，日本依然是一个不折不扣的小农国家。鉴于推进农地集中这项工作的复杂性，也可以说，在未来相当长一段时间内，小农生产将依然是日本农业生产的基本面。也正是基于此，日本构建各类支持政策，试图实现农业现代化，就必须立足和着眼当前的小农生产实际。

一、日本小农生产格局的形成

日本的小农生产格局并非与生俱来。在明治维新之前的德川幕府时代，日本农地制度的本质是以封建领主土地所有制为基本前提的封建贡赋制度。

---

① 资料来源：日本农林水产省统计数据库。

在该制度下，约占全国总人口80%的农民处于无地状态，只能依附于领主并以收获量的四成至八成作为供赋缴纳领主。这种封建贡赋制度，对农民形成了残酷的剥削和禁锢，由此激发了尖锐的阶级矛盾，并且阻碍了农业生产力的发展。开始于1968年的明治维新，为了缓和因农地而起的阶级矛盾，也为了发展农业生产以扩大税基，进而将收取的高额农业税作为启动日本工业化的资本金，推动了土地制度改革。通过改革，明治政府废除了封建领主对土地的所有权，同时确认了实际耕种土地者的所有权，并颁发相应执照。作为改革配套，1872年，明治政府废除了颁布于1643年的关于禁止土地买卖的法令，转而允许国民自由买卖土地，这为随后的土地兼并埋下"祸根"。1881年后，日本农业连年歉收，导致农民无力负担高额的农业税，在"松方紧缩"的进一步刺激下，大量农民将土地转让给富农和高利贷者。随着这一趋势的蔓延，富农和高利贷者逐渐演化为各类在村和不在村的寄生地主，失地自耕农则沦为"佃农"，依靠向地主租佃土地维生。1883—1908年这15年内，日本的佃农群体即从20.9%上升至27.2%，自耕农则从37.3%下降至32.9%（曾宪明，2016）。由此，日本的佃耕体制最终形成。

在佃耕体制下，佃农需要将高达五成的收获量作为地租交给各类寄生地主。佃农不占有农地，却需缴纳高额地租，造成了严重的社会对立。1930—1937年的7年间，日本的租佃斗争事件从2 478件，增长至6 170件（温娟，2019）。此外，遭受高额地租盘剥的日本佃农，普遍面临极端贫困。在日本军国主义的蛊惑下，极端贫困的佃农子弟大量参军或赴海外垦殖，最终成为日本发动侵华战争和太平洋战争的兵源主力。战后，美国主导的占领军为了从根本上防止农村地区成为日本军国主义死灰复燃的温床，加之防止日本社会受到左翼思潮的影响，同时缓和社会矛盾，将推动农地改革作为日本民主化改革的重点。

1945年底，在驻日盟军总司令部（GHQ）主导下，向地主低价购买土地，再以低价售给佃农，从而实现农地所有权转移的日本农地改革方向逐步明晰。第二年9月,按照已确立的改革方向,日本政府通过立法规定:①限期两年之内,由政府出面,对全国约80%的原佃耕地进行强制购买,并出售给广大佃农耕种;②对于未被强制购买的佃耕地,可继续由地主租佃给佃农耕种,但地租不得高于限定标准,且佃农有权请求进一步降低地租;③对于发生的租佃行为,要求签订规范的契约文书,以此杜绝农地出租方擅自收回农地或上调地租的可能。显然,上述法规具有较为浓厚的打击地主阶层、保护佃户的色彩,较好地体现了"耕者有其田"的核心改革设想。为了巩固新建立的自耕农体制,防止土地再次向地主、大户集中,在农地改革取得初步成效后,日本政府通过颁布《农业委员会法》,规定包含买卖和租赁在内的民间的农地交易行为必须经过严格审批,否则交易行为无效。1952年,日本制定了《农地法》,在农地的权利转让、佃农权利保护、限制地主拥有农地以及地租标准等四个方面进行了最严格的限制[①]。

到1950年8月,被政府强制征购土地的地主多达200万户,71%的在村地主和99%的不在村地主被消灭,实现所有权转移的佃耕地约有194万公顷,达到全部佃耕地的80%(马红坤等,2019)。改革后,虽然给在村地主保留了限制面积内的佃耕地,但地租已被降低至平均5%~6%的水平,佃耕农户的租金压力显著减轻。到1950年,日本自耕农户数占农户总数的比例实现了翻倍,半自耕农占比减少了近10个百分点;佃农户数占比则减少至5%(温娟,2019)。上述一系列数据意味着,在日本的农地改革中,多达194万公顷的农地被廉价出售给至少230万个农户。由少部分地主持有大块农地的局面,扭转为众多自耕农持有分散零碎的小块农地。到1950年,包括地广人稀的北海道在内,经营耕地规模不足0.5公顷和1.5

---

① 限制权力转让方面:禁止将农地转作他用;禁止将佃耕地转租;禁止将农地改革后创设的耕地转租;单户拥有的耕地面积限制在30公亩至3公顷以内。保护佃农方面:要求保护佃农的佃耕权,严格限制地主收回佃耕土地。限制地主方面:规定不在村地主不得占有土地,在村地主占有佃耕地超出政府规定面积的部分需按规定价格卖给佃农。地租方面:政府规定了地租的最高限额,佃租耕地时,不得超出最高限制,并以货币缴纳地租。

公顷的农户占比分别超过42%和91%，仅有约2.7万农户经营超过3公顷土地，占比不足4.6%（速水佑次郎、神门善九，2003）。战后农地改革后农地和农户结构变化如图1-1所示。

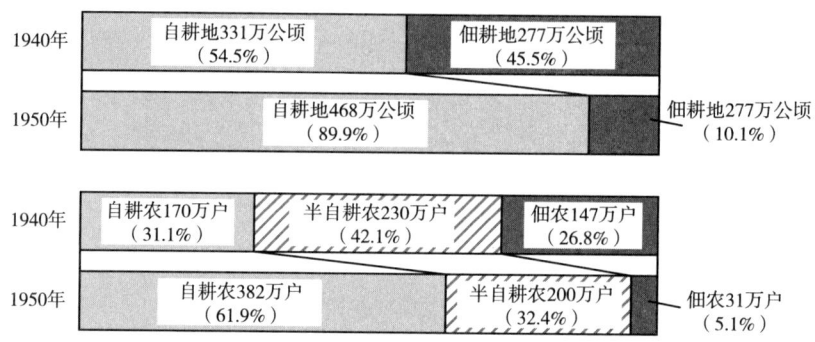

图1-1 战后农地改革后农地和农户结构变化

资料来源：速水佑次郎（2003）、晖峻众三（2011）。

注：1950年的数据还包含"其他农户"，主要是指"非耕农户"等，占比较小，为保持图中农户结构分类的一致性，因而未在本处体现。

由于农地改革在不足3年的时间内推进，为了提高农地改革效率，战后农地改革的主要做法是将地主的土地直接转让给佃租该地块的佃农，而未加调整和重组，由此造成了农地零散分布的格局。至此，日本的小农生产格局正式形成。

二、日本小农生产格局的现实特征

当前，"细碎零散"依然是日本小农生产格局的典型特征。"细碎零散"的第一个表现是农户拥有的农地面积狭小。虽然自1960年始，在过去长达60年的时间内，日本政府均尝试从不同角度着手推动农地集中，但到2021年，全国户均农地面积仅约3.2公顷。其中，农地面积不足1公顷的农户占比依然有9%，5公顷以下的占比则约为33.5%；超过10公顷的农户占比约为56.4%，刚刚过半（见表1-1）。从都道府县层面看，仅有北海道地区农户的户均农地面积达到30.8公顷，其他都府县地区平均仅约2.2公顷（见表1-2）。基于2020年统计数据，广大都府县地区中，户均农地面积最大的青森县也只是4.1公顷，而大阪、东京、山梨、神奈川和奈良等都府县的户均农地面积则均未超过1公顷，数值最低的大阪府仅约0.6公顷。以山梨县为例，经过多年农地集中的努力，到2020年，在全县约1.5万农业经营主体中，经营农地面积不足1公顷的占比高达77.9%，不足5公顷的合计占比则达到98.6%，位于20~30公顷区间的占比不足0.1%。由于经营农地面积过小，直接限制了农户的务农收入。到2021年，全年农业经营收入不足50万日元的占比约为20%，不足100万日元的农户比例约为34%，超过500万日元的仅约19.3%（见表1-3）。在该县的43个市町村中，部分町村以经营农地不足0.5公顷，甚至0.3公顷的小规模农户为主。例如山梨市农地面积不足0.3公顷的农户数量多达273户，占比超过16.7%；335户农户的年均农业经营收入不足100万日元，占比超过20%[①]。

表1-1　日本农户耕地面积分段　　　　　　　　　　　　单位：%

年份	0~1公顷	1~5公顷	5~10公顷	10~20公顷	20~30公顷	30公顷以上
2010	14.4	34.2	9.7	9.0	6.5	26.4
2015	11.9	30.2	10.3	10.1	7.2	30.3
2021	9.0	24.5	10.2	11.2	8.1	37.1

资料来源：日本农林水产省统计数据。

表1-2　日本户均农地面积演变　　　　　　　　　　　　单位：公顷

地区	2015年	2016年	2017年	2018年	2019年	2020年	2021年
全国	2.54	2.74	2.87	2.98	2.99	3.05	3.20
北海道	26.51	27.13	28.16	28.91	28.52	30.21	30.80
都府县	1.82	1.99	2.08	2.15	2.17	2.15	2.20

资料来源：日本农林水产省统计数据。

---

① 资料来源：《2020年山梨县农林水产经营主体情况调查确报》，https://www.pref.yamanashi.jp/toukei_2/HP/DATA/2020kakuhou.pdf。

表 1-3　　　　　　　　　日本农户农业经营收入分段　　　　　　　　单位：千户

地区	0～50万元	50万元～100万元	100万元～500万元	500万元～1 000万元	1 000万元～3 000万元	3 000万元～5 000万元	5 000万元以上
全国	355.2	169.8	286.9	88.3	87.4	20.9	22.3
北海道	2.4	0.8	4.2	3.7	10.8	5.8	6.7
都府县	353.0	168.9	282.8	84.7	76.6	15.2	15.5

资料来源：日本农林水产省统计数据。

"细碎零散"的第二个表现是农户拥有的农地并非集中连片，而是零散分布。长期以来，日本农地呈现"分散错圃"格局，也即一个农民拥有的农田分散各处。在旧时代，分散错圃是劳动人民为了应对农业生产风险的智慧的体现。因为如果农民将农田集中连片，就难以抵御自然灾害的冲击，而将地块分散则能有效分散风险（福田アジオ，1996）。明治时代，农商务大臣井上馨[①]曾建议进行地块调整，进而培育美国式大型农场，但彼时小农理论的影响下，培育大型农场被认为不符合日本的实际情况而遭到拒绝。在第二次世界大战（以下简称"二战"）结束之后的土地改革中，经济学家柳田国男[②]曾提出通过交换分割的方式，即交换农民所有的耕地从而实现合并，以此消除分散错圃格局的具体建议。但为了实现在两年内完成农地改革的既定目标，驻日盟军总司令部拒绝了这一建议，采取的改革推进策略是将地主的土地直接出售给租佃某一地块的佃户。这一改革策略，虽然确实起到了提高改革效率的作用，但也使分散错圃格局得到了延续。分散错圃格局极大地阻碍了农业的现代化。具体表现为，由于田地分散，农业机械难以集中作业，而机器转移则需要耗费大量时间；农业生产被束缚在小块农地上，从而抑制了规模效益的提升；由于农户拥有的数块

---

① 井上馨（1836—1915），日本明治时期的著名政治家，先后担任日本外务大臣、农商务大臣、内政大臣和财政大臣等职，极力主张日本学习西方。在农业方面，鼓吹日本学习美国式大农场作业。

② 柳田国男（1875—1962），著有《中農養成策》（1904年）、《農政学》（1902年）、《時代ト農政》（1910年）等影响力巨大的农政著作。不同于井上馨主张培育美国式大农场的主张，也不同于明治时期的小农生产力论，柳田国男主张建立"中等农业"。

耕地并非同质，理性农户会依照不同地块的质量设定劳动投入的优先顺序，在家中农业劳动力不足的情况下，那些不具备经济价值的劣等地块将首先被撂荒。

日本真正着手改变分散错圃格局的努力始于1962年开展的"农业构造改善事业"。此次改革的主要目的是推动零散的土地实现交换整合。20世纪70年代初，时任日本通商产业大臣的前首相田中角荣出版《日本列岛改造论》，在其影响和推动下，日本的农地整合事业开始加速（马红坤等，2019）。1970—1980年，日本财政支农资金从1万亿日元左右提高至3万亿日元，其中农业农村整备资金占比从20.5%同步提高至27.7%。1985—2010年，日本农业农村整备力度继续加大，财政投入资金年均超过1.2万亿日元。其中，用于农业生产基础设施的资金常年保持在6 000亿日元左右（叶兴庆等，2017）。经过近40年的农地整备，分散错圃格局得到了较大改观。从水田看，1969—2014年，单一地块面积超过0.3公顷的农地从20万公顷增加至157公顷，占比从不到5%提高至64%；1公顷以上地块面积，从1983年仅约5万公顷增加至2014年的22.7万公顷，占比从不足2%提升至9.3%。从旱地看，2014年单一地块面积超过0.3公顷的农地超过155万公顷，占比超过75.2%；地块在1公顷以上面积达到46万公顷，占比达22.3%（叶兴庆等，2017）。总体来说，日本物理形态的地块细碎程度大大降低。然而，改革的推进并未在所有权层面明显改善日本农地的细碎程度。基于1994年日本农业普查等数据推算，日本农户平均拥有7.7"笔"水田和5.5"笔"旱田（关谷峻作，2004）①。也就是说，即使通过农地流转在实际生产层面扩大了地块规模，但这些地块依然被不同农户持有，即地块的所有权仍然高度分散。据2013年日本农林水产省对229个规模经营体的调查，其平均经营规模为18.4公顷，平均地块数为31.5块，平均相隔最远距离为4.3千米（叶兴庆、翁凝，2018）。

---

① 每"笔"水田及旱田的平均面积为0.091公顷。

三、本章小结

本章从两个层面阐述了日本的小农生产格局。第一个层面是日本小农生产格局的形成；第二个层面则是日本小农生产格局的现实特征。总体来说，"二战"后驻日盟军主导的农地改革，在日本创设了大量自耕农，实现了日本农地由"佃耕体制"转变为"耕者有其田"体制。有限的耕地面积被更多生产主体分摊，是日本小农生产格局形成并强化的直接原因。从特征层面看，小农生产格局下的日本农地具有"细碎零散"特征：地块狭小，零散分布。为了立足基本国情和农业现状，小农生产格局应成为日本进行一切农业改革的出发点。

第二章　推进农地集中：一个甲子的艰难探索

农业的问题，归根到底是农业经济问题。农业经济问题的实质，则是农业生产效率问题。长期以来，小农生产格局下的日本农业，土地装备率过低，导致提高劳动生产率的努力收效甚微。从国际比较角度，土地装备率的劣势极大削弱了日本土地生产率的优势，导致日本的农业生产率仅约为美国的10%（速水佑次郎、神门善九，2003）；从其国内产业间的比较看，与本国高度发达的第二、第三产业相比，日本的农业生产效能极其低下（马红坤，2019）。可以说，农业生产率的低下，是造成农业国际竞争力低下、农业人口流失、产值下降等一系列问题的根本原因。而细碎零散的农地，则是制约日本农业生产率提升的主要瓶颈。为了有效应对这一制约，日本自1961年制定《农业基本法》以来，不断构建和修订相关政策，试图推进适度规模经营。本章旨在对日本过去一个甲子构建和修订的政策进行系统梳理，并对其政策进行评价和反思。

一、着力推进农地集中的背景

（一）劳动力转移、土地荒废和普遍兼业化

战后至今，日本经济经历了长期高速发展，尤其1960—1980年，年均经

济增长率超过10%，不少年份甚至高达近20%。与此相对应，农业产值占GDP的比例从1960年约为9%持续下降，到1994年降至1.94%，2014年则进一步降至1.05%（关谷峻作，2004）。随着第一产业的持续萎缩，农业人口持续流向其他产业部门。这一趋势从20世纪五六十年代以次子和女儿为主体的剩余劳动力转移，发展到六七十年代包括户主、长子和家庭主妇在内的全面转移就业。1955—1965年，农业就业人口从1 498万人降低到1 086万人，下降了27%，农业部门的就业比重从41%下降到25%（速水佑次郎、神门善九，2003）。到2013年，农业从业人口仅占全部从业人口的4%，较1960年下降了29个百分点。[①] 一方面，农业劳动力的持续转移为农地流转创造了可能；另一方面，劳动力转移导致了人口老龄化和土地荒废问题，使推动农地向专业农户集中变得更为紧迫。此外，机械化水平持续提高，政府对农业生产的补贴力度加大，导致离村不离农、"二兼滞留"现象普遍。1960年，兼业农户占农户总量的65%，到1970年，达到历史最高的87%，直到2018年，仍高达67%（温娟，2019）。兼业经营阻碍农业生产率的进一步提高，但促进兼业户离村离农，从而实现农地集中，是提高农业生产率的必由之路。

（二）破除小农经营成为增强农业竞争力的重要抓手

从20世纪50年代初期开始，以加入国际货币基金组织（IMF）和关税及贸易总协定（GATT）为标志，日本逐步融入国际贸易体系，对国际市场的依赖度越来越强。近年来，为达成一系列自由贸易协定，日本逐步扩大了农业领域的开放，一直受到高度保护的农业部门，需要直面国际竞争。但农业部门的竞争力持续弱化，而农地细碎制约规模效益的提高是农业竞争力弱化的重要原因。2010年，全国户均耕地面积仅有1.96公顷，只比50年前提高了0.88公顷。其中都府县地区为1.42公顷，北海道地区相对较大，达到21.48公顷，但依然有超过50%农户的耕种面

---

① 资料来源：日本农林水产省统计数据。

积不足20公顷。① 进展缓慢的农地集中严重制约了规模效益的实现。尤其是面对新大陆国家和凯恩斯集团等大规模农场经营的竞争时，小农经营的短板更加明显。在签署一系列自由贸易协定、国内农产品市场被迫扩大开放的情况下，补齐农业发展的短板、提高农业面临国内外竞争时的竞争力成为日本政府不二之选。而通过深化改革，加快农地集中步伐，提高规模效益，成为提高农业竞争力的重要抓手。

二、推进农地集中的艰难探索

为了提高农业生产效率，提高农业竞争力，日本在1961年首次提出了扩大农业经营规模的目标。在之后的半个多世纪，历届政府均在为改变小农生产格局、促进农地流转和规模经营、实现农业发展的"第二个飞跃"进行艰难探索②。以几部具有转折意义的政策法规的颁布实施为节点，这一时期的探索可划分为四个阶段。

（一）1961年制定《农业基本法》：以所有权转让为实现路径的农地集中

1961年，日本制定了以实现"农业自立"为核心目标的"农业宪法"——

---

① 资料来源：2010年日本农林水产省统计数据。
② 1990年，在总结我国农业发展的经验教训并展望未来实现农业高质量发展路径的基础上，邓小平同志以历史的眼光指出，中国的农业发展整体将经历"两个飞跃"（陈玉萍等，2018）。简单来讲，"第一个飞跃"的主要特征是实现农地由集中到分散；"第二个飞跃"则由分散到集中。十一届三中全会后，随着家庭联产承包责任制在全国范围内的逐步推开，以农地承包经营权向广大农户分散为主要特征的"第一个飞跃"顺利实现。1987年，为了实现科学种田，提高生产效率，中央首次提出，要鼓励不同形式的适度规模经营。进入新时代以来，作为实现产业振兴的有效手段，在坚持承包制的基础上，不断推动分散狭小的农地向各类专业化经营主体集中，努力实现我国农业发展的"第二个飞跃"（王丰，2018）。战后至今，伴随着经济社会的发展，日本的农地改革也经历了先分散后集中两个过程。这两次过程既可以用"两个飞跃"论断的理论框架进行解释，也是对"两个飞跃"论断科学性的有力证明。本书作者曾专门撰文探讨日本农地改革的两个飞跃（马红坤，2019），感兴趣的读者可阅读该论文。

《农业基本法》，首次提出了扩大农业经营规模的目标，并确立了以所有权转让为实现路径。同时，这一时期的《农业基本法》明确规定，农地转让必须经过农业委员会的严格审批。

在《农业基本法》框架下，日本陆续制定或修订了多部法律，一定程度上放松了对农地流转的限制。1962年，《农地法》和《农协法》两部法律相继修订，新法增设了"农地信托事业"和"农业生产法人"两个条款。依据"农地信托事业"条款，农协在取得农地所有者委托后，可以开展农地借贷和转让的农地信托业务，有效加快推动农地流转。"农业生产法人"条款则赋予与农业经营相关的农事组合法人等主体拥有农地的权利。据此，农村以外的资本，在经营与农业相关产业的前提下，有机会介入农地流转，这有利于提高农地流转速度。当然，由于工业化和城镇化推高地价和兼业经营便利化，农民更加倾向于保留土地所有权以实现增值。这一利益诉求和以"所有权转让"为核心的土地流转制度体系相冲突。这限制了《农业基本法》《农地法》和《农协法》等推动农地集中的努力的效果。1969年，日本制定《农振法》，划定农业振兴地域，通过限定该地域的农地转用以稳定地价，从而推进农地集中。但控制地价暴涨的努力收效甚微，农地集中收效同样不大。

（二）1970年修订《农地法》：开辟以租赁方式为实现路径的农地集中

20世纪60年代一系列努力成效不大的事实让日本政府意识到，单纯依靠所有权转让，难以有效推动农地集中。进入70年代之后，日本另辟新路，流转政策的重点开始从所有权转让调整为通过租赁实现使用权的转让。

1970年，日本对《农地法》进行了第二次修订。在土地租赁问题上，新法废除了对佃农地租的管制，重新制定了作为参照的标准佃农地租制度。新法还加强了对土地租出方权利的规定，规定凡租期10年以上的土地租赁合同，到期后土地和耕作权自动归还原主，如双方同意，租期10年以下的合同也可随时解约。这和1952年《农地法》中，只要佃农不存在少租、欠租、赖租等问题，农地出租方就不能解除租赁合同，也不能要求收回所出租农地的规定明显不同（叶兴庆、翁凝，2018）。可以看出，新法加强土地出租方权利的做法旨在解除其丧失耕作权甚至所有权的后顾之忧，以减少出租方在离村离农之后宁可土地荒废也不愿流转土地情况的发生。

为配合《农地法》的实施，日本修订了一系列法律，以进一步提高农地流转的积极性并进一步放宽权利限制。1970年日本制定了《农民年金制度基金法案》，从此以后，日本农民的退休年金中，除了老龄年金这一承担基本社会保障作用的资金外，还将包含经营权转让年金、离农给付金、农地收购与转让金等和农地流转紧密挂钩的资金（朴金玉，2009）。这一规定使农地出租方在收取租金的同时，还可享有年金补贴，对农地流转的顾虑得到减轻。1975年，日本首次修订《农振法》，规定划定区域内的农户可以自由开展农地租赁，不再受《农地法》的制约。1980年，制定的《增进农用地利用法》则进一步允许农民之间自由签订和解除短期租赁合同。同年，日本再次修订《农地法》，放宽了农业生产法人进入农业的准入条件，允许根据各区域内的农地利用规划，签订农地租赁合同，免受《农地法》的制约。该法还明确了在合同到期后，农地应自动归还出租方。

（三）1992年制定《新政策》：选择性结构政策和公司制法人参与农地流转

1. 认定农业者制度下对农业经营体的培育

1992年，日本农林水产省出台《新食品·农业·农村政策的新方向》这一指引性文件，简称《新政策》。《新政策》指出调整农业结构时，要确定一种承担大部分农业经营活动、稳定有效的农业经营体,并对其进行重点扶持。在这一新方向的指引下,日本政府1993年修订《农地利用增进法》并更名为《农促法》。《农促法》围绕培育农业经营体和骨干农民,开创性地建立了认定农业者制度。该制度下,政府把具有一定经营规模、有完善的经营改善计划并有意愿长期务农的经营者认定为"认定农业者"。政府在农地流转、资金扶持、技术培训以及税收优惠等方面给予"认定农业者"重点支持。2000年3月,日本制定了《食物·农业·农村基本计划》,再次确定了发展农业经营体,实施"认定农业者制度",并明确鼓励农地向"认定农业者"集中。2005年日本出台了"跨产品经营安定政策",2012年出台了"人与农地计划",政策指向均是以经营规模为主要依据,对各类经营主体给予差别化的补贴。

上述一系列政策的实施,体现了日本政府希望通过实施选择性结构政策,对认定农业者制度下的农业经营体加大政策支持力度,进一步加大小规模兼业农户和规模化经营农户的收益差距,逼迫小规模经营农户尤其是兼业农户离村离农,或通过携地加入生产合作社等方式成为"认定农业者",从而促进农地集中的政策取向。

2. 对公司制法人参与农地流转限制的逐步放开

以《农促法》为中心,20世纪90年代初,《农地法》和《农协法》陆续修订。两部新法放宽了农业生产法人进入农业部门准入条件,但依旧限制公司制法人的参与。之后,2000年,在后续修订《农地法》时,日本开始允许在一定条件下,农业类公司制法人以参股农业生产法人并成立股份公司的形式开展农业生产经营,参与农地流转(高强、孔祥智,2013;赵颖文、吕火明,2014)。2003年,为了应对农业劳动力不足和耕地撂荒日趋严重的情况,日本通过制定《构造改革特别区域法》和修订《农促法》,规定包括公司在内的"农业生产法人之外的法人"可在撂荒地或潜在撂荒地参与流转(高强、孔祥智,2013)。2009年,日本修订《农地法》,取消了对公司法人进入农业和只能在摞荒地租赁经营农地的规定,并将租赁期限的上限从20年延长到50年。这一修订为食品加工类企业等与农业生产关系密切的法人加快进入农业创造了便利。

(四) 2013 年制定《农田中间管理机构法》:以中间机构助推农地集中

2013 年 6 月,日本制定《日本复兴战略》,提出了未来十年 80% 的农地将由精于农业的农业经营体使用的目标,并计划重点从建立农田管理中介机构和推动企业类实体进入农业部门着手施策(刘启明、李晓晖,2018)。历史上,设立中间机构推动土地流转的设想曾多次被尝试①,但当时的农地流转尚未摆脱所有权转移为主的流转模式,且流转中介发挥作用的前提是流转主体个体间达成协议,加上财政对流转中介的支持并不充分,使政策效果受到影响。为了实现 80% 的农地实现集中的目标,日本政府认为,要在租赁的模式下,建立更加科学有力的土地流转中介。

基于此,2013 年 12 月,日本出台《农田中间管理机构法》,修订《农促法》,规定在都道府县层面成立"农地中间管理机构",由其具体负责土地租赁、管理与流通事务,并赋予其对拟流转土地的"中间管理权"。依据该权利,农地中间管理机构不再仅局限于撮合交易,更能在农地供求双方之间发挥资源配置的功能(清水徹朗、乔禾,2016)。具体来说,农地中间管理机构在收储土地后,对这些农地拥有暂时的"中间管理权",可自行寻找合适的承租人进行流转,并在流转期限、价格和对象等问题上不再受到土地所有权人的制约。这种创造性的土地流转机制极大地提高了农

---

① 这包括 1962 年修订《农地法》和《农协法》时,赋予农协土地信托中介机构的功能和 1966 年提出农地管理事业团的设想。1970 年,日本修订《农地法》时,确定都道府县的农业公社等公益法人可从事农地及未开垦地的买卖和租赁业务。1980 年制定《增进农地利用法》时,日本将政策支持的受委托范围从租借权、无偿租借权扩大到所有权和农业经营方面。

地流转的灵活性，也大大降低了流转双方的交易成本。① 为了调动参与流转各方的积极性，日本政府对流转中介和转出方进行补贴，补贴数额和流转面积挂钩。对于流转中介来说，其获得流转委托的农地面积占某一区域农地总面积的比例越大，其单位面积的补贴标准越高。对于参与转出农地的个人来说，其同样能够获得流转补贴，补贴的标准同流转面积挂钩（速水佑次郎、神门善九，2003）。

在后续制定的《农林水产地区活力创造计划》《农业竞争力强化计划》和《食物·农业·农村基本计划》等旨在提升日本农业竞争力的政策体系时，"农地中间管理事业"和"农地中间管理机构"被反复提及，足见日本政府对通过该创新机制来推动农地集中，进而提高农业竞争力的期待。

三、推进农地集中的绩效评价

（一）农地集中的成效并不显著

整体来说，自1961年制定《农业基本法》，首次提出扩大农业经营规模的目标以来，日本的农地集中事业取得的进展不大。其中，1960—1970年，随着经济高速发展，农业剩余劳动力向非农领域转移，这本为推动农地集中提供了有利时机，但在这一时期，日本实行所有权转让为实现路径的农地集中模式，加上地价上涨的因素，农地非但没有明显集中，还导致大量农户由专业农户转变为兼业农户，加剧了推动农地集中的困难。在这一时期，日本农户的户均农地经营面积基本稳定在0.95公顷左右，农地实现流转的面积在达到7.1万公顷之后，未取得进一步进展（见图2-1）；

---

① 具体来说，在此机制下，土地流转过程大致可分为五步。第一步，有意转入土地的主体提交申请材料，说明土地需求信息；第二步，将需求信息定期公开，征集有意转出土地的所有者；第三步，梳理供给和需求信息，确定有意转出土地的转出方的优先顺序；第四步，中间管理机构暂时转入信息匹配的农地，并获得对该土地的"中间管理权"；第五步，实现农地向拟转入方的正式转出。

农户方面,则表现为农户总量和专业农户数量的下降,兼业农户数量的上升(见图2-2)。

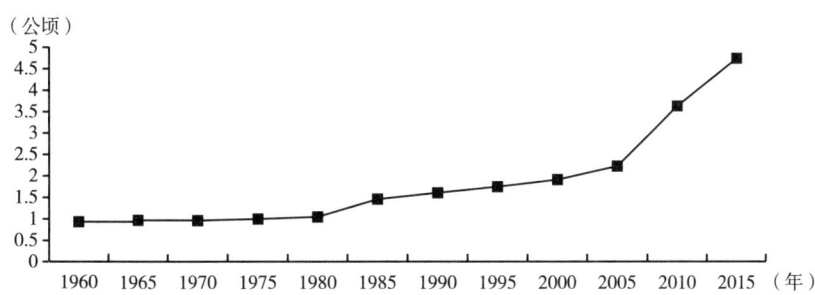

图 2-1　1960 年以来日本农业户均耕地面积变化

资料来源:作者综合日本农林水产省和 FAO 数据计算。

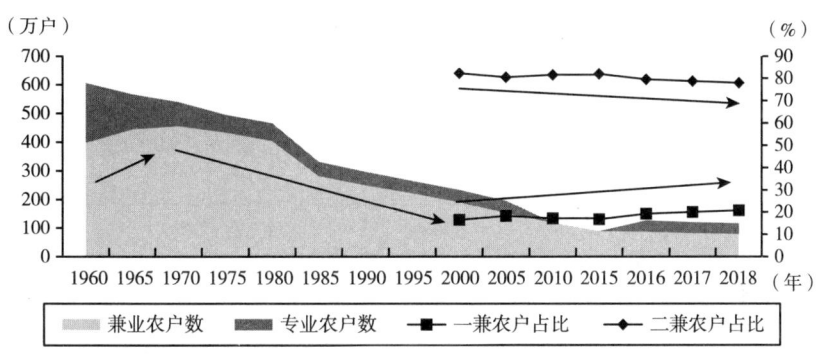

图 2-2　1960 年以来日本农户结构变化

资料来源:日本农林水产省数据库。

1970年后,尤其是田中角荣发表《日本列岛改造论》,日本掀起新一轮建设热潮后,日本土地价格暴涨,所有权转让模式下的农地流转再无新的进展。在农地转用等因素作用下,所有权转让的土地总规模甚至一直呈下降趋势。1970年修订《农地法》并开辟以租赁方式实现农地集中的途径以来,日本的农地集中事业出现转机。尤其是在1980年颁布《农地利用增进法》,放开了租赁合同的限定,1992年出台"认定农业者制度"和2005

年出台"跨产品经营安定对策",在对农业经营主体实行差别化的补贴政策之后,日本的农地流转规模实现了较快增长。在这一时期,大量的兼业农户在将自家农地流转之后,离农就业。尤其是兼业农户中的二兼农户,其占兼业农户总数的比例缓步下降,这意味着二兼农户离农的速度高于兼业农户的整体速度。特别是在2005年"跨产品经营安定对策"出台之后,日本实行了更加有利于规模经营的差别化结构调整政策,小规模兼业农户离农速度加快,这使户均耕地面积的增长幅度同步加大,并于2015年达到4.7公顷,从户均耕地面积的角度,日本大部分农户尚不能实现"自立"。①1970年以来日本实现权利转移的农地面积变化情况如图2-3所示。

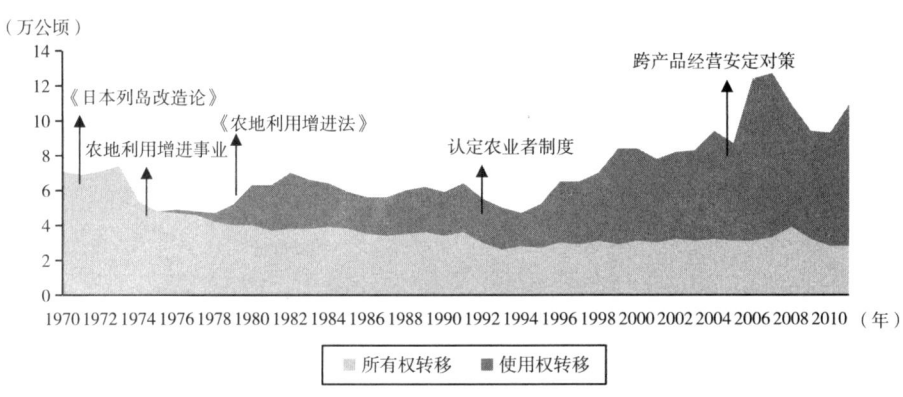

图2-3　1970年以来日本实现权利转移的农地面积变化

资料来源:日本农林水产省数据库。

此外,到2011年时,进行农地流转、实现所有权或使用权转移的耕地面积之和也不过10.9万公顷,不足日本耕地面积的3%。考虑到在2003年和2005年日本出台制度,鼓励农民加入特定农业团体或集落营农等生产组织之后,大量农民在不涉及权利转移的情况下,携地加入生产组织,这也

---

① 根据1961年《农业基本法》的表述,自立经营农户是指"在成员构成一般的家庭中,从事农业的劳动力在发挥正常能力并基本达到充分就业的状态下,能够获得与其他产业劳动者基本均衡的收入、享受同等生活水准的家庭经营体"。根据这一标准并参照其他产业就业人员的收入水平估算,1960年"自立农户"的经营面积应为2.3公顷,1997年应为8.6公顷。

是一种农地集中的形式，日本实现农地集中的比例远不止3%。但即便是从包含上述两种组织和"认定农业者"在内的"农业经营体"的角度，2010年，实现规模化经营的农地占比也只有49.1%，2015年小幅增长至50.7%。这与《日本复兴战略》中制定的到2023年左右实现80%的农地集中目标，有近30%的差距。

（二）农地集中迟缓阻碍生产率的提高，最终弱化农业竞争力

农地集中进展的迟缓，严重制约了日本农业生产率的提高。同美国等新大陆国家的大农场作业相比，日本近年来的农业技术进步使其土地生产率取得了长足的进步，但过低的土地装备率导致劳动生产率的差距明显。例如，1980年日本的土地生产率是美国的10倍，但美国的土地装备率是日本的100倍，相比之下，日本的劳动生产率仅是美国的1/10。[①] 生产率的差距还体现在农业部门同其他产业部门的比较上。时至今日，日本以4%的农业人口只生产了约1%的GDP，劳动生产率约为平均水平的1/4，这足以体现农业部门同其他产业部门相比，在生产率方面的劣势。生产率在国际和国内两个维度的全面劣势，直接造成了农业竞争力和经营收入水平低下，进而导致当前日本农业面临的人口流失、结构老化、农地荒废和农业整体萎缩等一系列问题。

四、日本农地集中收效缓慢的内在原因

战后，日本仅用了5年左右的时间，就实现了占全部佃耕地80%之多的194万公顷农地的改革。自耕农户数从改革前的172.9万户上升到382万户，在数量上增加了120%。这一次世界公认的成功的农地改革，同日

---

① 速水佑次郎、神门善九在其著作《农业经济论》中测算（速水佑次郎、神门善九，2003）。

后经过半个多世纪的探索，旨在促进农地集中但收效甚微的改革形成了鲜明对比。从1961年《农业基本法》首次提出了扩大农业经营规模的目标以来，日本历届政府制定了多部法律，从多个层面推动农地集中。即便是经过政党轮替，促进农地集中的目标也未曾改变。但半个多世纪以来，日本通过权利转移，实现了集中的农地面积也不过10万公顷，只占全部耕地面积的约3%。即便是将所有"农业经营体"经营的农地考虑在内，到2015年，实现规模化经营的农地占比仅为50.7%。与2010年相比，5年时间内，仅增长了约1.6个百分点。这与到2023年左右实现80%的农地集中目标，还有近30%的差距。

究其原因，上述两次改革背后的推动力量存在较大区别。战后的日本农地改革是在美国主导的盟军司令部的强力推动下实现的，行政命令的色彩浓厚，为了实现改革目标，盟军的不少建议带有明确的时间限制[①]。但1961年以来的农地改革中，执政党囿于选举等原因[②]，对涉及农村议题的改革一直畏首畏尾，不少改革手段过于温和，甚至出现互相矛盾、作用抵消的情况（叶兴庆、翁凝，2018）。例如1961年制定的《农业基本法》中，政府鼓励小规模农户离村离农，以培育一定数量的自立农户。但在1971年出台的《农村地域工业导入促进法》中，政府鼓励企业进入农村，甚至规定雇佣农民出身的工人可以得到雇佣援助金。这使农村地区的兼业机会增加，加大了促进兼业农户离村离农的难度。2005年日本制定了"跨产品经营安定政策"，按照经营规模大小提供差异化的补贴政策，该政策若能坚持实施，必将使小规模兼业农户加速离农，从而推动农地集中。但该政策在实施后，遭到了大量小农户的强烈反对，政党轮替之后，该政策被取消实施。日本继续对包括兼业小农户在内的所有农业生产者提供高度

---

① 例如，1945年12月，在日本国会正就自拟的农地改革方案争执不下时，盟军总司令部向日本政府下达了《关于农地改革的备忘录》，要求日本在1946年3月15日之前提出农地改革方案，并对改革方案的主旨进行了规定。

② 农村地区是自民党的传统票仓，且农村地区选票的分量更大，因此自民党政府一直对涉农改革相当谨慎。

保护，虽然提高了日本农业生产者的整体收入水平，但却对推动农地集中的努力起到了抵消作用。此外，近年来，日本政府的一系列政策更加倚重土地租赁市场，寄希望于通过市场实现农地使用权的转移。但由于农户存在"留住乡愁""恋土情结"以及担心自家农地在流转后不被爱惜等心理，农地租赁市场存在较大市场失灵的可能，从而制约了其功能的发挥。

五、日本农地集中的努力对中国的启示

中日两国的农业改革都完成了"第一个飞跃"，正在经历"第二个飞跃"。其中，日本农地改革的"两个飞跃"开启时间均比我国早20多年。纵观日本农地改革的"两个飞跃"，尤其是正在推进和摸索中的"第二个飞跃"，其相应举措、经验和教训对我国推进农业适度规模经营具有重要借鉴价值。鉴于此，本章通过比较分析日本农地改革的"两个飞跃"，并侧重分析"第二个飞跃"，得出以下可供我国借鉴的启示。

（一）更加注重以行政配置资源的方式推动适度规模经营

地价上涨、以农为本的文化传统和土地细碎化等问题使市场在配置农地资源方面经常出现失灵现象。农地作为一种生产要素，即便是产权界定清晰，也没有自发流向有效率的农业经营者。这是造成日本持续50多年推动农地集中，但收效甚微的主要原因。与日本相似，中国的农地流转市场配置资源作用的发挥，同样受到地价上涨、以农为本的文化传统和土地细碎化等问题制约。为了推动我国农业的适度规范化经营，我国很有必要在继续完善农地流转市场的同时，注重行政配置资源的作用，通过宣传发动、典型示范、政策扶持，加强引导，发挥政府弥补农地流转市场失灵的作用。

（二）发展适度规模经营不能一蹴而就、操之过急

自1961年以来，日本历届政府对推动农地流转作出了不懈努力。但半个世纪之后，实现流转的农地只占农地总面积的3%，实现规模化经营的农地占比仅为50.7%，且后续增长乏力，通过推动规模经营实现农户自立的目标依然任重道远。需要清醒地认识到，推进农业适度规模经营对我国同样是一个艰巨挑战。单就农地集中时需要转移的剩余劳动力来说，我国南北方农业生产的适度规模分别约为30~60亩和60~120亩，实现适度规模经营时，农业部门需劳动人口约为4 300万~8 600万人，这意味着我国当前1.5亿左右的农业劳动人口中，约1亿人需要转移（钱克明，2015）。这一庞大的数据以及日本推动农地集中的漫长历程告诉我们，在农地细碎、农耕文化氛围浓厚的中国，推动农地集中必将是一个长期过程。在此过程中，不能一蹴而就、操之过急，防止重蹈拉美农地向大资本集中，导致贫富差距拉大，国家坠入"中等收入陷阱"的覆辙（魏晓莎，2015）。

（三）以多种政策手段的组合，共同推动适度规模经营

虽然日本推动农地集中的努力收效甚微，但在推动农地集中的制度创新方面，不少做法和理念值得我国借鉴。一是完善农民的社会保障，解除其对流转农地的后顾之忧。日本在1970年建立了和农地流转规模挂钩的农民年金制度，使农地出租方在收取租金的同时，还可享有年金补贴，这减轻了农民对流转农地的顾虑。我国可以此为借鉴，在提供新型农村社会养老保险的基础上，以农地流转的面积和期限等因素作为重要的计算依据，建立相关的补充养老金制度，以此提高农民流转农地的积极性。二是建立差别化的补贴政策，为小农户流转农地施加外部压力。日本曾建立"认定农业者""跨产品经营安定对策"等制度，对达到一定生产规模的生产主体给予补贴，以此拉大不同经营规模的农业生产者的成本差距，迫使小规模农户流转农地。建议我国加大对适度规模经营的农业经营主体的补贴力

度，以此向小规模的兼业农户施加外力，促使其向规模化农业经营主体流转农地。三是适时建立农地流转的中间机构，并赋予其农地的中间管理权。2013年，日本批准都道府县成立"农地中间管理机构"，由其负责土地租赁、管理与流通事务，并赋予其中间管理权，对农地流转实现了"白纸委托"。同时，以流转面积为依据，加大对该机构的财政支持力度。我国可探索成立类似机构，同样赋予其农地中间管理权。通过该机构，实现农地收储的同时，在不受农地出租方干预的情况下，本着推动农地集中的目标，自主选择转入方。同时，政府可通过第三方，对其流转规模、服务质量等进行评估，并给予相应的财政支持，以此提高其推动农地流转的积极性。

六、本章小结

20世纪40年代末以来，日本的农地先后经历了分散和集中两个过程。在半个多世纪的推动农地集中的进程中，日本先后出台鼓励出售、租赁、选择性结构政策、放开准入以及建立流转中介等多种措施以加快农地流转，但收效甚微。相比于"第一个飞跃"的行政推动，"第二个飞跃"中改革手段太过温和、措施不到位、政策不协调、流转市场失灵，是制约"第二个飞跃"推进效率的主要原因。日本的经验教训对我国实现农业适度规模经营的启示是：更加注重以行政配置资源的方式推动适度规模经营；发展适度规模经营不能一蹴而就、操之过急；综合社会保障、差别化补贴、建立流转中介机构等多种措施，加快农地流转。

第三章 强化基本建设:筑牢现代农业发展基础

要大力推进农业现代化,进而实现农业高质量发展,必须着力加强农业基本建设,一方面大规模推进高标准农田建设、农田水利建设以及农村基础设施建设,另一方面形成与市场需求相适应、与资源禀赋相匹配的现代农业生产结构和区域布局。日本在20世纪下半叶投入了大量资金进行农业基本建设,逐步建立了完备的农业基本建设投资体系,取得了卓越的成效(卢荣善,2007)。作为一个典型的人多地少的国家,日本的农户规模较小,并非规模效应显著的欧美澳式现代大农场,却实现了农业的高度现代化,这与其持续大量的农业基本建设投资密切相关(晖峻众三,2011;冈部守,2004;关谷峻作,2004)。日本与中国具有相似的农业资源禀赋(刘德娟等,2015),其农业基本建设投资之路值得我国学习和借鉴。

一、日本农业基本建设投资体系的演变

"二战"后,为了保障粮食安全,促进农业生产发展,日本对农业基本建设的投资不断增加,形成了多元化、共同参与农业基本建设的投资主体,建立了完备的农业基本建设法律体系,保障农业基本建设投资的顺利

进行。日本十分注重通过制定和实施法律法规来促进、规范和保障农业的发展。"二战"后，日本先后颁布了《土地改良法》《农地法》《农业基本法》《关于农业振兴地域的法律》《增进农用地利用法》和《农业经营基础强化促进法》等重要农业法律，并对它们进行了多次修改以深化农业基本建设。在不同发展阶段，日本农业基本建设投资的目标有较大差异，农业法律的侧重点也不同。总的来看，根据日本农业发展时期和发展目标，其农业基本建设投资体系的演变大致可分为战后恢复期、支援改善期、生产过剩期、全球化经济发展期四个阶段。

（一）战后恢复期的农业基本建设投资（20世纪40年代中期至60年代初）

1945—1960年，处于战后恢复期的日本陷入了极端的混乱中，国内粮食极度短缺，国民处于饥饿边缘，提高粮食产量、解决国民温饱问题是农业发展的唯一目标。在此背景下，日本政府1949年制定了《土地改良法》，投资重点在于开展农田基础设施建设、围湖造田开拓耕地和改造灌溉设施，以提高农业生产率；1952年制定《农地法》，均分土地，使耕者有其田，并保护和强化农地耕作者的地位，形成以自耕形态为主体的结构性变化，提高了农民的生产积极性。

（二）支援改善期的农业基本建设投资（20世纪60年代至70年代中期）

1960—1975年，随着日本经济的发展，农业和其他行业之间的差距，无论是在生产力方面还是在从业人员的生活水平方面都持续扩大，开始出现农业劳动力向其他产业转移的现象。这一时期，日本出台了《农业基本法》，多次修改《农地法》，通过直接、具体的政策介入，引导土地流转，扩大农业经营规模，实现土地在农业生产中的有效利用，促进农业机械化及农业经营现代化，以提高农业生产力。主要政策手段包括促进土地流转；

建设计划中农业振兴建设的权限，如保护农地、确保农业人的培养以及设施建设等，使中央政府、都道府县、市町村各级政府的农村地域计划与投资管理制度更加完善。

2000年后，基于农业基本建设比较完备的现状，日本政府支持政策重心由农业基本建设转为促进农业经营基础的强化，特别是农业经营主体的培育，农业基本建设投资相应减少。

二、日本农业基本建设投资体系的现实特征

日本农业基本建设投资有效运行的关键在于建立了完备的法律体系，农业基本建设投资主体多元化且职责分工明确，政府和金融机构提供了有力的资金支持，国家自上而下地设计了农业基本建设投资长远规划，市场自下而上地提出农业基本建设投资具体项目，实施科学透明的项目管理流程。这些因素共同保障了日本农业基本建设投资的有效运行。日本农业基本建设投资体系的现实特征主要体现在以下几个方面。

（一）完备的法律体系为农业基本建设投资提供了制度保障

日本构建了完备的法律体系以保障农业基本建设投资的顺利进行。目前，日本实行的农业基本建设制度体系由《农业基本法》《农地法》《农促法》《农振法》《土地改良法》《增进农用地利用法》等法律和与之相配套的规章制度组成，在不同的阶段承担着不同的使命，促使日本农业不断向前发展。1950年的第一版《农地法》使耕者有其田，提高了农民的生产积极性；1961年的《农业基本法》和1962年的《农地法》修正案致力于促进土地流转，为农业的规模化建设投资奠定了基础；1969年的《农振法》确保了工业大发展背景下农业和农村建设投资的持续发展；《土地改良法》及其多次修正案以及1980年的《增进农用地利用法》引导了农用土地改

良、农业给排水工程、农用道路建设、农业区划整理等农业田间建设投资项目的具体运行；1993年的《农促法》则侧重于促进农业经营基础的强化；1998年的《农地法》修正案和2000年的《农振法》修正案推动了地方分权，提高了地方政府对农业基本建设投资的自主性和积极性。这些法律为日本农业基本建设投资的顺利进行提供了制度保障。

（二）农业基本建设投资主体多元化且职责分工明确

日本农业基本建设投资主体包括日本政府机构、农业协同组合（以下简称"农协"）和农民。其中，日本政府机构分为中央政府和地方政府，中央政府中主管农业基本建设投资的部门是农林水产省，主要负责政策制定、预算编制、项目审核立项、预算发放项目监督与项目验收等；地方政府分为都道府县和市町村两个级别，每个级别中的组织机构都是自治体，主要根据中央政府的农业基本建设方针向上申报农业基本建设项目，获得相应投资后实施完成农业基本建设项目，向上汇报并公开完成基本建设项目情况，并负担一定比例的投资资金。农协是日本农业基本建设投资体系中的重要主体，在农业投资管理上有三个特点：一是农协本身拥有金融机构，可向农户吸收存款、发放贷款，但一般限于生产资料购置资金、流动资金及少量的固定资产建设资金；二是农协需要中央政府财政补贴资金，用于为农户提供金融贷款；三是农协自身也需要中央政府投资，以开展市场、流通、基地等方面的基础设施建设，提高服务能力。农业基本建设项目的投资资金由政府全额负担，具体建设任务和后期维护任务由市町村、都道府县、农林水产省或社会团体组织来完成，项目实施地农户只需要提出基本建设项目申请，按照程序征求其他相关农户的同意，并在项目建成后参加项目验收。

（三）政府为农业基本建设投资提供强有力的财政支持

自20世纪60年代起，日本经济腾飞进入发达国家行列，积累了大量财富,政府有能力也有意愿进行农业基本建设投资。中央政府每制定一项农业政策,都会配备相应的资金,因此农业政策保持着较高的兑现率。在日本农业基本建设投资主体中,政府是日本农业基本建设的主要投资者。中央政府财政直接投资主要用于农田水利建设和农田改造,是土地改良区建设投资资金的主要来源。除了为农业、农村公共事业提供全额资金外,日本政府对私人发展农业设施也给予超过投资总额50%的补助。具体来看,日本农业基本建设投资项目根据管辖权不同,主要分为两类:各级农政部门主导的项目(分为中央、都道府县、市町村三级)和个人、企业、社团主导的项目。农业基本建设项目投资构成与项目的管辖权直接相关,由国家层面负责的国营事业项目,基本建设投资由国家100%解决;由都道府县负责的基本建设项目,中央政府投资占全部投资的50%,都道府县本级财政负责其余的50%;由市町村负责的基本建设项目,中央政府投资占全部投资的50%,都道府县和市町村分别承担全部投资的25%;由企业、个人等其他团体负责的基本建设项目,中央政府投资占全部投资的50%,都道府县承担全部投资的25%,市町村和项目单位共同承担剩余的25%;此外,项目单位自筹部分资金,还可以获得政策金融公库的长期低息贷款。表3-1是1960—2015年日本政府农业投资情况。2015年,日本农业预算投资为2.3万亿日元,占国家预算总额的2.4%,其中农业农村整备事业投资额为0.27万亿日元,占农业预算投资的11.9%,占比较高。1960—2015年,日本农业预算投资、农业农村整备事业投资均呈现先升后降的态势,在20世纪90年代达到高峰,2000年分别达到3.4万亿日元、1.1万亿日元。二者所占比例也大体呈现先升后降的态势,农业预算投资占国家预算总额的比例由1975年的10.2%逐步降至2015年的2.4%,农业农村整备事业投资占农业预算的比例在20世纪90年代达到高峰,为32.9%,但2015年已降至11.9%。日本通过长期稳定的中央财政直接投资建成了完善的农田水利基础设施系统,为农业高效发展提供了基础保障。

表3-1　　　　　1960—2015年日本政府农业投资情况

类别	1960年	1975年	1990年	2000年	2010年	2014年	2015年
农业预算投资（亿日元）	1 319	21 768	31 221	34 279	24 517	23 267	23 090
占比（%）	8.4	10.2	4.7	4.0	2.7	2.4	2.4
农业农村整备事业①投资（亿日元）	389	3 595	10 264	10 926	2 129	2 689	2 753
占比（%）	29.5	16.5	32.9	31.9	8.7	11.6	11.9

资料来源：日本农林水产省相关报告①。

注：农业农村整备事业投资是指日本农业农村整备事业的公共预算，覆盖农田的大区划分、老化设施的修复、农业的竞争力强化、农村地区的国土坚韧化、农业规模化、农村地区水路管道化、老化的农业水利设施的长寿命化耐震化等项目。

（四）农业金融系统为农业基本建设投资提供坚实的金融支撑

为了保障农业农村发展资金需求，日本政府在19世纪50年代立法创建了政策性金融和合作性金融。政策性金融是政府全额投资组建的金融机构。日本政府全额投资成立农林渔业金融公库，承担日本农业基础设施建设和农业结构调整方面贷款任务，与政府施政目标紧密配合②。合作性金融是政府补贴的农协金融机构，承担农业生产、流通等各环节贷款，满足农业生产资金需求③。农协金融机构提供的低息长期贷款为农户进行农业的扩大再生产提供了充足的资金，促进了农业的快速发展和农业现代化的加速实现。在农村金融体系的运转过程中，政府财政注入资金扶持农协金融机构的运行，对农业农村贷款给予各种财政补贴，并为弥补农协金融机构的贷款损失设立专

---

① 具体为以下两份报告：（1）農林水產予算概算决定の概要（1960—2015）[EB/OL]. http://www.maff.go.jp/j/budget/index.html, 2016-11-03. （2）農家數、担い手、農地など統計情報表（1950—2014）[EB/OL]. http://www.maff.go.jp/j/tokei/kouhyou/kensaku/bunyal.html, 2016-11-15.

② 政策性金融对农业实行长期低息贷款，平均贷款年限20年，最长可达55年，平均贷款利率为3.89%。在贷款期限内，贷款利率一般固定不变，但在特殊情况下贷款户还可申请减息，由此造成的利息损失，农林渔业金融公库可获得政府成立的"农林渔业振兴基金"补偿。

③ 对农业金融资金，国家给予利息补贴、损失补贴和债务补贴。农协金融机构以此为基础，用存款利率高于贷款利率的方法，吸引农民将手中的闲置资金最大限度地存在农协金融机构，把分散的资金集中起来解决农业现代化所需要的大量资金，其差额由政府给予补偿。

门的基金。而农协金融与农林渔业金融公库的主要区别在于：农协金融属合作性金融，是农业金融体系的主体；农林渔业金融公库属政策性金融，作为农业金融体系的补充。总的来说，二者功能各有侧重，合作性金融机构主要提供借换型住宅贷款、农机仓储贷款、加工贷款、经营贷款、信用卡借贷、教育贷款等有针对性的产品；政策性金融机构农林渔业金融公库的业务始终根据农业不同发展时期对投融资的需求进行调整，由最初支持生产性基础建设逐步扩展到对农业结构调整、农业现代化、农业改良、农产品加工流通等各领域的支持，但始终集中在改善农业生产条件和提高农业劳动生产效率上，最大限度地发挥了政策性金融对农业基本建设投资的支持作用。

2015年，日本农林渔业金库农业贷款总额为1.5万亿日元，其中农业基本建设相关贷款额为0.2万亿日元，占比13.3%。2000—2015年，由于日本的农业发展重心已由农业基本建设转为农业经营结构的改善，日本农林渔业金库农业基本建设贷款额及其占农业贷款比例持续下降，贷款额由1.2万亿日元降为0.2万亿日元，降幅83.3%，占农业贷款的比例也由50.0%降为13.3%。2000—2015年日本农林渔业金库农业基本建设贷款情况如表3-2所示。

表3-2　2000—2015年日本农林渔业金库农业基本建设贷款情况

类别	2000年	2003年	2006年	2009年	2012年	2015年
农业贷款总额（亿日元）	2.4	1.9	1.6	1.4	1.5	1.5
农业基盘整备贷款额（亿日元）	1.2	0.9	0.6	0.4	0.3	0.2
占农业贷款比例（%）	50.0	47.4	37.5	28.6	20.0	13.3

资料来源：农林中金研究所，http://www.nochuri.co.jp/tokei/yearly/index.html，2016-12-01.

（五）根据国家长期计划和市场机制制订农业基本建设投资规划

为了有计划地实施农业基本建设投资事业，日本农林水产大臣在听取"食物、农业、农村"政策审议会的意见后，根据政令的规定拟定长期计划，并交内阁审议通过。长期计划既要符合加强农业基础设施建设、提高农业生产率、增加农业产值、有选择地扩大农业生产、改善农业结构的目标，也要符合有利于环境保护、国土资源综合开发和利用以及国民经济发展的原则。长期计划具有较强的系统性和可行性，针对农林水产省规定的每一项事业的类别，对计划期间相关事业的实施目标及事业规模等给予具体的规定，主要内容包括"农业、农村课题和土地改良事业的基本方针""政策课题达成的目标和具体措施""事业的类别、目标、工作量""计划期间注意事项"等。相关行政部门长官及都道府县知事也参与国家长期计划的制订，农林水产大臣制订长期计划草案时必须听取他们的意见。自上而下的国家长期计划制订方式使农业基本建设投资服从国家长期战略规划。

国家长期计划的制订是由上至下的，而具体投资项目的提出则是由下至上的。在国家长期计划制订完成之后，地方政府、农协、企业或农户会根据该计划和自身的实际需求提出具体的农业基本建设投资项目申请并逐级上报。相关机构对这些项目的必要性和可行性进行评价并提出意见，国家参考这些意见作出总体设计规划，最终下达确定的投资项目和配套资金。这种自下而上的项目申报制度使每个项目都真实地反映项目单位的需求，项目单位实施过程中积极性高，项目实施后效果显著，有效地避免项目资金被挪用，最大程度杜绝项目赘余部分投资。

（六）科学公开的农业基本建设项目管理流程保障了项目的投资效果

日本农业基本建设投资项目有系统完备的项目管理流程，从制定、实施、验收、评价到监督过程都有相关的章程规定。如上节所述，政府和市场主体共同制订农业基本建设项目规划，确保规划反映实际需求；随后，由第三方机构对项目的设计和施工进行招投标；在项目施工阶段，根据项目管理级别，相应审批部门委派的项目监管员全程参与监管，保证项目的施工质量，项目实施主体定期派员前往施工现场检查项目实施进展，现场测量、拍照和记录，存入项目档案；项目完成后，实施主体组织大学知名教授、业内专家、申请农户、新闻媒体等人员组成验收组，完成项目验收；

农林水产大臣根据"农林水产省政策评价基本计划"及"农林水产省政策评价实施计划"对所有项目实施事前、事中、事后评价;农林水产省、都道府县和市町村各级政府的农业主管部门通过部门窗口和网站及时公开农业基本建设投资项目信息,以便公众对农业基本建设投资项目进行监督。图 3-1 简绘了日本农业基本建设投资项目的运行体系框架。

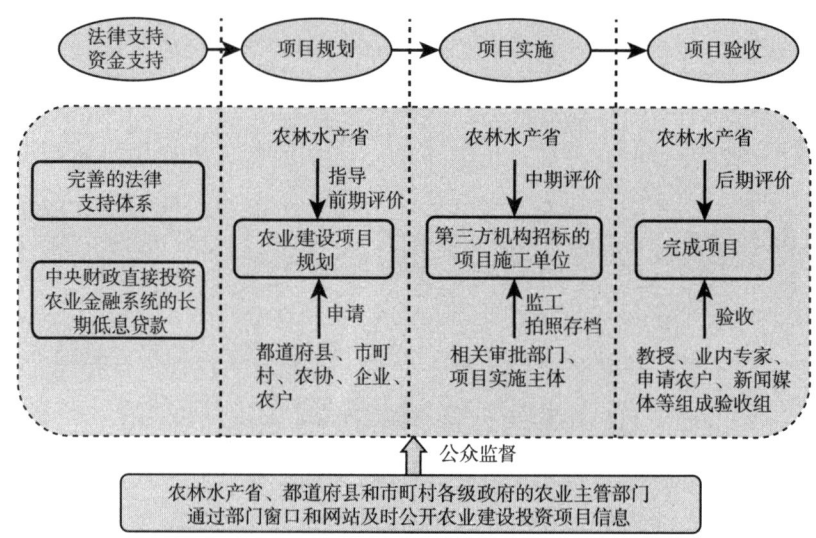

图 3-1 日本农业基本建设投资项目运行体系

三、对我国农业基本建设的启示

(一) 我国农业基本建设财政资金投入与管理的现状分析①

财政资金投入是农业基本建设的主要资金来源。为了强化农业的基础

---

① 在国家层面,由于目前的统计数据不能分离出国家财政对农业基本建设投资数据,本小节只能用运用国家财政农业支出(含农业基本建设投资支出)来说明国家层面农业基本建设投资的管理和使用的现状。

地位，我国持续加大对农业基本建设的财政投入，为农业生产和农村社会事业的发展提供了稳定的资金支持，但是面对复杂变化的农业农村社会环境和投资需求，财政资金投入仍然不足。与此同时，国家层面的财政资金管理和使用格局又造成不同部门间的涉农投资缺乏清晰的统一规划，管理职责交叉重复，难以协调整合。本应由国务院农业主管部门管理和使用的资金过于分散，难以满足支持农业基本建设的需要，也造成了一定程度上的职能缺位，影响了有限财政资金的投资效率和效益，难以发挥规模效应。我国亟须从源头上对国务院相关部门或不同层级政府的农业基本建设投资进行整合，并相应调整职责分工。

1. 农业基本建设资金规模不断扩大

国家财政资金对农业支出主要分为四大类：支援农村生产支出和农业事业费，粮食、良种、农资、农机具等四项补贴，农村社会事业发展支出以及除前三类以外的其他支出。其中，支援农村生产支出和农业事业费、农村社会事业发展支出均含有农业基本建设投入。支援农村生产支出和农业事业费包括对农村建设的小型农田水利和打井、喷灌等设施的补助费，对农村水土保持措施的补助费，对农村建设的小水电站的补助费，特大抗旱补助费，农村开荒补助费，扶持乡镇企业资金，农村农技推广和植保补助费，农村草场和畜禽保护补助费，农村造林和林木保护补助费，农村水产补助费，发展粮食生产专项资金，其中大部分都属于农业基本建设资金。农村社会事业发展支出主要是面向全体农村成员，以提高农村居民文化素质、改善农村居民生活质量和生活环境为目标，为农村经济社会发展提供各种公共服务的各项支出，主要包括对农村义务教育和职业教育、农村新型合作医疗、农村社会保障体系如农村低保和养老保险等、农村饮水安全、农村道路交通建设等方面的投入，其中在农村饮水安全、农村道路交通建设等方面的投入属于农业基本建设资金。

2007—2012 年，国家财政对农业支出从 4 318.30 亿元增长到 9 915.21

亿元（2007年不变价，下同），涨幅129.61%，年均增长18.09%。其中各类支出规模都增长了1倍以上，农村社会事业发展支出更是增长了2倍。2007—2012年支援农村生产支出和农业事业费增长了112.58%，年均增长16.28%；四项补贴支出增长了156.05%，年均增长20.69%；农村社会事业发展支出增长了201.84%，年均增长24.73%。这表明我国财政农业投入总量有极大的提升，历年平均增长速度保持了一个较高的水平，较好地保障了农业农村发展的资金需求。

2. 涉农财政资金管理部门众多

就国家层面来说，有将近20个部门可以安排使用财政涉农资金，除财政部、国家发展和改革委员会两个综合性部门外，还包括农业农村部、教育部、交通运输部、水利部、科技部、文化和旅游部、民政部、人力资源和社会保障部、自然资源部、工业和信息化部、中国人民银行和国家卫生健康委员会等，另外还包括国家乡村振兴局、国家林业和草原局和国家电网公司等机构①。

3. 涉农财政资金投入有限，而且使用分散

近年来国家不断加大强农惠农力度，扩大对"三农"领域的投入规模，但相对于国家财政总体支出来说，财政对"三农"的支出相对有限。2007年我国财政支农支出与财政总支出分别为4 318.3亿元、49 781.35亿元，2012年分别涨至10 556.28亿元、107 332.7亿元；财政支农支出占财政总支出的比例由8.7%涨至9.8%，近几年也基本维持在该水平。虽然近几年来对农业的财政支出在绝对数量上有一定增长，但仍然相对有限。

万亿规模的涉农财政资金由将近20个部委管理使用，若简单地进行算

---

① 限于篇幅的限制，"国务院各部门财政涉农资金管理和使用情况"没有详细列出；如有需要，可以向作者索要。

术平均,则每个部委可使用的资金规模仅有500亿元。虽然各部门实际所能使用的资金规模有大有小,但仍能反映出我国涉农财政资金投入的使用严重分散,极大地影响涉农财政资金的使用效率。当涉农财政资金投入规模越来越大,效率损失就会越严重,涉农财政资金整合工作势在必行。

(二) 对我国农业基本建设投资的借鉴与启示

我国正不断加大对农业基本建设的投资力度。虽然日本的政治经济环境与我国不尽相同,但我国在农业方面与日本具有相似的自然禀赋,日本的农业基本建设投资体系值得借鉴。基于对日本农业基本建设投资体系的历史演进和现实特征的分析,可以得到以下借鉴与启示。

1. 农业基本建设投资需要完善的法律体系提供制度保障

农业基本建设投资是一项庞大的工程,构建完备的法律体系为其提供充分的制度保障,对农业基本建设投资的各个领域和各个环节作出明确的规定,使参与各方有法可依,更好地行使权力和履行义务,减少农业投资的随意性,有利于农业基本建设投资的顺利完成。在日本,有关农业基本建设和投资方面的法律法规门类健全、综合配套、结构科学、体系完整,这些法律构成纵横交织的制度体系,互为支撑。每个法律都有相应的配套实施细则,制度规范的对象明确,条款翔实,可操作性强,农业农村建设项目资金申请、项目论证、实施管理等方面事事"有法可依",为其顺利实施提供了有力的制度保障。目前,我国农业基本建设投资的相关法律体系尚不完善,要将政府投资的目的、内容和运行机制都以法律的形式确定下来,规范政府投资行为,尊重市场经济规律,从法律层面理清各级政府的职权,规范其事权和财权;加快建立健全投资法律体系的进程,通过立法来规范农业基本建设投资,各级政府在进行农业投资时以法律为准绳,有助于提高农业基本建设投资的效率和效益。

2. 改革涉农管理体制，从源头上解决体制问题

在不断改革中，日本政府充分考虑农业生产的特点及市场的需要，拓展管理的深度和广度，囊括农业及相关的平行产业，形成了较为完善的"大部制"农业行政管理体制，农林水产省作为主要管理者，负责最主要的管理和运作工作。实践表明，"大部制"的农业行政管理体制能够实现一体化管理，提高农业投资的效率，扩大对农业生产的促进作用，使农业基本建设投资和农业发展计划相匹配，顺利实现政策目标，避免重复建设造成的资源浪费以及投资分散造成的效率低下。我国应借助行政管理体制和财税体制改革的契机，整合中央政府涉农管理机构，推动权力转移合并，建立"大部制"的农业管理体制，将与农业相关的事务交由一个部门统一管理，最终形成权责一致、分工合理、决策科学、执行顺畅的农业管理体制，从源头上改变政府农业基本建设投资条块分割、各自为政的局面。实现农业"大部制"牵涉到各方利益，需要各部门不断协商，研究具体的改革方案。同时，整合不同管理部门的相关农业基本建设投资专项，优化涉农投资结构和资金投放领域。地方政府的资金整合工作应借由中央大部制改革的契机，从根本上解决其面临的深层次问题，建立决策、执行、监督三权分立的内部机制，通过精简机构，降低管理成本，提高部门运行效率，为农业基本建设投资项目有效、顺利实施提供体制上的保证。

3. 农业基本建设投资需要政府和社会提供强有力的财政与金融支撑

农业基本建设需要大量的资金投入。由于我国农户收入水平低，支付能力弱，无力承担大额的农业基本建设投资，农业基本建设的推进需要中央政府和地方政府提供全额或者绝大部分的财政投入，以保障农业基本建设投资需求。同时，政府还应通过政策扶持，创新财政投入方式，如积极探索"PPP"模式（即公私合作模式），鼓励私营企业、民营企业与政府进行合作，引导社会资本进入农业领域，共同参与公共设施建设，减轻政府

财政预算压力，促进投资主体的多元化，推动农业基本建设投资在项目设计、施工、设施管理等方面的创新，提高农业基本建设的投资效率与效益。此外，农村金融系统对农业基本建设的支持作用也愈发重要，完善的农村金融系统可为农户的生产生活提供丰富的金融产品，满足不同类型农业基本建设项目的资金需求，为农业基本建设项目提供更加全面的资金支持，促进农业基本建设的繁荣发展。

4. 农业基本建设投资需要政府制订统一投资规划和多方积极参与

农业基本建设投资是一项规模庞大的农业基础工程，涉及多个部门和多方利益，需要政府进行统一、长远规划。在中央层面，国务院有关部门可根据国民经济和社会发展中长期规划，编制农林牧渔等产业发展规划、基础设施（如水利、生态、道路等）建设规划、主要建设项目专项发展规划，提出指导思想、基本原则和总体目标，明确中央政府支农的领域、范围和标准，各类规划相互协调，合理布局，形成一个有机整体。在全国性发展规划的指导下，地方政府以县为基本单元，对政府涉农投资的主要领域制订高标准的县级发展规划，与国家发展目标相衔接。此外，在因地制宜地制定建设方案时，既需要中央政府的总体规划和地方政府的全力配合，也需要涉农企业、农民专业合作社、家庭农场和农户的积极参与。因此，我国应尽快建立起有效的统筹协调机制与健全的组织领导体系，实现农业行政管理一体化；同时搭建促进多方紧密沟通与合作的平台，运用市场机制鼓励涉农企业、农民专业合作社、家庭农场和农户积极参与农业基本建设投资，促进农业基本建设投资的健康持续进行。

5. 农业基本建设投资需要构建科学透明的项目管理流程

科学透明的项目管理流程能够提高农业基本建设投资绩效。事前公开审批情况，事中完善运行监控，各阶段进行综合评价，及时向社会大众公开项目信息并接受公众监督，有利于提高农业基本建设项目的完成质量、保证项目资金使用的安全和效率。日本农业基本建设投资的项目管理方法较为系统、科学,如进行现场测量、拍照和记录并建立项目档案,组织大学教授、业内专家、申请农户、新闻媒体等人员组成验收组完成项目验收,农林水产省进行事前、事中、事后评价的指标体系,各农业主管部门通过窗口和网站及时公开项目信息等,都值得我们参考和借鉴。由此,我国在当前的农业生产实践中,需通过以下三个方面来健全农业基本建设投资的监督机制:一是引入独立第三方对农业基本建设投资进行监督,建立常态化的监督机制;二是强化农业行业主管部门和投资受益对象对农业基本建设投资的监督作用;三是保障农户对相关政策执行情况的监督权,尊重农户的主体地位。

四、本章小结

日本从20世纪下半叶开始构建并逐步完善其农业基本建设投资体系,为农业产业高效发展和农产品有效供给提供坚实的基础保障。由于日本与中国具有相似的农业资源禀赋,其农业基本建设投资体系值得我们学习和参考。本章首先探究了日本农业基本建设投资体系的历史演变,其次梳理分析了其农业基本建设投资体系的现实特征,最后从五个方面总结凝练出日本经验对我国农业基本建设投资的有益借鉴和启示。

第四章 撬动社会资本：赋能一二三产业融合

小农生产条件下，农业部门的劳动生产率偏低。为了提升农业发展质量，一个有效的做法是适当延长农业产业链，提升价值量，通过深挖农产品的附加价值，拓展农业生产的综合产值（马红坤、毛世平，2019a）。在此背景下，促进一二三产业融合，将发展质量更高、生产效率具有明显优势的二三产业①的生产方式，有效导入相对落后的农业部门，成为现实之选（余欣荣，2018）。促进一二三产业融合，"人""地""钱"是不可或缺的三类关键要素。其中，"钱"起到引擎作用，没有钱，就聚不到人、用不好地、形不成产，也就谈不上产业高质量发展。面对资金需求巨大、财政资金吃紧的现状，很有必要构建和完善相应体制机制，广泛撬动社会资本，使之赋能乡村一二三产业融合。

但对小农格局下的中国来说，撬动社会资本绝非易事，这主要是由社会资本参与乡村产业项目的信心与动力不足导致的。一方面，对中国这样一个小农国家来说，其农业部门既具有弱质性、高风险和低收益等一般特征，又具有小农生产所独有的规模小、盈利难、难以对接大市场等特有短板；另一方面，社会资本具有资本逐利、厌恶风险等天然属性，面对二三产业的吸引，如果没有一套行之有效的体制机制，很难在市场

---

① 全书统一将"第二、第三产业"简称为"二三产业"。

化条件下增强其投资涉农项目、参与乡村振兴的信心与动力。可以说，破解乡村振兴"钱"的制约的关键，在于撬动广泛的社会资本参与，而撬动社会资本的关键，又在于强化体制机制创新，构建一套行之有效的缓释投资风险、保障各方权益，进而增强社会资本投资乡村产业信心和动力的体制机制。

近几年来，日本着力发展以"六次产业化"[①]为代表的农村产业，将其作为驱动农业发展，实现农村振兴的重要途径（马红坤、毛世平，2019a）。为了给"六次产业化"提供充足的资金支持，日本通过体制机制创新，于2013年初由政府主导设立了"农林渔业成长产业化支援机构"（简称"A‐FIVE"[②]），并将其功能明确定位为广泛吸纳社会资本以投资"六次产业化"。成立至今，6年的实践表明，A‐FIVE及其背后的整套机制在发挥政府资金效能、撬动社会资本参与并为农村产业发展提供资金支持方面已经取得了一定成效（農林水産食料産業局，2019）。对A‐FIVE的设立、运行和退出等各环节进行深入全面的分析，以洞察日本构建的增强社会资本投资涉农项目信心和动力的体制机制，对于我国立足小农实际，找寻强化社会资本支持乡村振兴的路径必然大有裨益。基于此，本章聚焦A‐FIVE，在深入分析其成立背景的基础上，系统剖析了其整体概况、运行机制和运行特点，并凝练出对我国的启示。

[①] 20世纪90年代，学者今村奈良臣提出了"六次产业化"的概念，并在实践中，将该概念修订为一二三产业之积（1×2×3）。其中，"1"指农产品的初级生产；"2"指初级农产品的深加工；"3"指在把农产品及其制成品转移至消费者的过程，涉及运输、销售等与之有关的服务环节。

[②] A‐FIVE是"农林渔业成长产业化支援机构"的英文简称，即Agriculture, Forestry and Fishes Fund Corporation for Innovation, Value‐chain and Expansion。

第四章　撬动社会资本：赋能一二三产业融合

一、日本设立 A–FIVE 的背景

（一）日本对发展"六次产业化"以提升小农竞争力寄予厚望

日本是典型的小农国家，地块零碎狭小，农业资源禀赋存在天然短板。这导致日本农业生产效率低下，边际生产成本较高，进而造成其农业部门在面对来自凯恩斯集团和新大陆国家的农业竞争时，存在明显劣势。如何在小农生产的现实基础上提高农业竞争力，进而实现农业振兴、农村兴旺？从 2012 年底，安倍政府成立之后，日本在推动多项农业新政的同时，正越来越多地寄希望于通过推进"六次产业化"，实现农业部门同二三产业部门的价值链耦合，从而深挖农业潜在的附加价值。在关于增强农业竞争力的纲领性文件《农林水产地区活力创造计划》（農林水産業地域の活力創造本部，2018）中，日本政府反复强调要通过"六次产业化"，大幅提高农产品附加值，并制定了"六次产业化"综合产值从初期 1 万亿日元增长至 2020 年 10 万亿日元的发展目标。

（二）小农模式下，发展"六次产业化"亟须社会资本支持

就日本来说，其推动"六次产业化"发展面临小农数量众多、人均资源有限、都道府县分布不均等现实制约。由于小农户抵御市场风险、参与市场竞争的能力有限，希望依靠小农户自身的力量发展"六次产业化"是不现实的。同时，在长期的小农生产模式下，日本农户加强纵向和横向协调的意识并不强烈，这导致在农村地区自发形成产业集聚面临较大困难。这种情况下，加快推动社会资本进入农业领域，不仅是推进日本强势的二三产业反哺相对弱势的第一产业的重要举措，也是进一步促进金融资源在城乡的均衡分配、带动农村地区产业加快发展的有效路径。从另一个角度

讲，社会资本尤其是企业财团等工商资本投资"六次产业化"，必将为"六次产业化"经营主体带来先进的理念、技术、管理，从而有利于"六次产业化"的加快发展。

（三）"官民合作"是强化社会资本入农并支持"六次产业化"的有效途径

就社会资本和"六次产业化"来说，二者一直以来面临互有需求，但因缺乏有效的支持媒介，从而出现无法加强融通的局面。具体来说，一方面，"六次产业化"的加快发展需要大量真金白银的投入；另一方面，社会资本也需要实现投资标的多样化以分散投资风险，同时，城市居民对乡村绿水青山、民俗文化的向往，以及对特色农产品及其制成品的需求旺盛，因此参与农业投资的意愿较强。但农业是一个弱质性产业，具有投资周期长、风险大等特点，这削弱了社会资本大量进入农业领域的信心。如果希望打破当前的投资僵局，势必需要第三方作为中介，通过自身强大的信用背书，增强社会资本投资"六次产业化"的信心。基于这一考虑，日本政府计划以"官民合作"的方式，由政府资金作为"六次产业化"投资基金的劣后资金，承担大部分投资风险，以此增强社会资本的投资信心，实现以部分政府资金撬动大规模社会资本投资"六次产业化"的目的。

二、A-FIVE 的出资和业务概况

（一）A-FIVE 的出资架构及其评析

1. A-FIVE 的出资架构

2012年底，日本政府颁布《农林渔业成长产业化支援法案》，继而于

2013年初成立了"农林渔业成长产业化支援机构"（農林水産省，2019）。为了撬动更多社会资本，同时在放大基金规模和扁平化管理之间取得平衡，A-FIVE以母子双层基金的形式运行。母基金层面，2013年初，日本中央财政出资300亿日元，野村证券、丰田公司、农林中央金库、食品加工企业龟甲万等11家知名私人公司出资18亿日元，成立了规模为318亿日元的母基金。后来，经过私人公司增资，母基金规模变更为319亿日元。子基金层面，母基金作为基于有限合伙法的有限合伙人，在各都道府县层面联合当地知名社会资本，以1∶1的出资比例设立子基金，相应子基金地域划分进行本地域内的投资业务。到2019年3月，A-FIVE在各都道府县层面共成立43个子基金，子基金总规模达到639.9亿日元。①

2. 对A-FIVE出资架构的评析

观察A-FIVE的整体框架，不难发现两个鲜明特点。第一个鲜明特点是政府资金在母基金的份额占比较大。在规模为319亿日元的母基金中，日本中央财政出资额度达到300亿日元。这样做的考虑是，农业作为弱质性产业，对于社会资本来说，投资风险大、周期长，投资回报率存在一定不确定性。政府资金占据主导地位，承担更大风险，可在很大程度上增强社会资本跟进投资的信心。虽然投资份额占据明显优势，但并不意味着政府会主导A-FIVE基金的运营。事实上，自基金建立之初，日本政府即全力支持基金的市场化运作，尽量淡化政府在基金中的角色。一个明显的例子是，为了加快业务发展，A-FIVE会聘用一些曾经在农林渔类政府部门任职、有丰富农林渔业管理经验的退休官员，但会限制该类雇员人数；另外，聘用这些退休官员必须在官方网站进行公示。A-FIVE的另一个鲜明特点是，参与母子基金投资的社会资本多为日本知名公司，更不乏铃木、丰田、野村等大型企业财团。一方面，著名私营公司在提供信誉背书、扩

---

① 资料来源：A-FIVE官方网站，http://www.a-five-j.co.jp/reporting/subfund.html.

大基金影响力和号召力等方面有其他公司难以比拟的优势；另一方面，著名私营公司的资金实力雄厚，有利于基金建立稳定的股权架构；此外，大公司的管理经验丰富，体制机制成熟，客户网络发达，这有利于A-FIVE为创立不久、实力相对较弱的"六次产业化"企业在管理咨询、销售拓展等方面提供支持。

（二）A-FIVE的两个业务板块

1. A-FIVE两个业务板块

（1）A-FIVE两个业务板块的形成。

当前，A-FIVE有支持"六次产业化"和促进农业生产资料类及流通类企业的业务重组两大业务板块。成立之初，A-FIVE即将自身业务明确定位为支持"六次产业化"，这在后续发展中依然是其核心业务。2017年8月，日本国会通过并颁布了《农业竞争力强化支援法案》，着力促进农业生产资料的生产企业和农产品流通企业实现业务重组，进而提高其运营效率，达到降低整体成本，提高农业经营利润的目的。为了配合《农业竞争力强化支援法案》的实施，A-FIVE将促进生产资料的生产企业和农产品流通企业的业务重组纳入业务范围。至此，A-FIVE以支持"六次产业化"为核心的两个业务板块最终形成。

（2）支持"六次产业化"业务板块。

A-FIVE从两个方面为"六次产业化"实体提供支持。一方面，通过股权投资、劣后贷款和政策补助金等三种方式支持农林渔民投资农业"六次产业化"。对于股权投资这一主要业务形式，除非单体投资额巨大，否则原则上A-FIVE的母基金不参与实体企业的直接投资，而是通过子基金向属地实体企业进行间接投资。为了保护农林渔民切身利益，增强其发起创立"六次产业化"实体的积极性，A-FIVE参与投资的实体企业一般由农林渔民主导企业的经营。但这样一来，农林渔民在企业经营管理方面经验不足和专业水平低等缺陷表现得更加明显,这不利于"六次产业化"实体的长远发展。为了弥补这一缺陷,增强"六次产业化"实体实现内生发展的能力,A－FIVE在资金支持之外,还开辟了管理咨询服务业务。具体来说,A－FIVE通过子基金在全国各地专门设立了"六次产业化支援中心",当被投资企业提出相关需求时,该中心可向其派出"六次产业化规划专家",通过与被投资企业管理团队的有效合作,在产品加工、市场开发、卫生管理、管理改善等诸多方面提供免费的专家咨询。

(3)促进农业生产资料类及流通类企业的重组与进入业务板块。

对于促进农业生产资料类及流通类企业的重组与进入这一业务板块来说,其设立缘起于日本安倍政府对增强农业竞争力的努力。2012年底,安倍晋三首相实现二次执政以后,在农业板块施政的关键词可谓是"竞争力"。为了增强农业竞争力,从多方面降低成本是很有必要的。但在保障农民收入不降低的前提下,从农民身上挖掘降本增效的空间非常有限。因而,只能从降低化肥、农药和机械等生产资料的成本以及流通环节的成本这两个在总成本中占比较大的部分挖掘降本潜力。以生产资料环节为例,就日本的情况来说,化肥和农用化学工业中有许多小型制造商,部分是生产设施老旧的生产作坊,开工率低,产率低,成本高;在农业机械行业中,主要制造商存在寡头垄断的情况,它们阻碍市场充分竞争以便获得超额垄断利润。为了使农民能够以较低的价格采购生产材料,有必要通过促进业务重组提高这些行业的整体生产能力,同时通过支持更多市场主体的进入,改善市场主体的结构,打破垄断,强化竞争。基于此,根据《农业竞争力强化支援法案》,如果相关企业和个人获得日本政府"业务重组计划"或"业务准入计划"的认证,A－FIVE即可为其提供包括资金支持在内的多种形式的支持。

2. 对A－FIVE业务板块的评析

观察A－FIVE的主营业务,可以看到其完全围绕涉农项目开展,"务农"二字得到了较好体现。实际上,从成立至今,A-FIVE 完全贯彻了这一业务规划,在业务上没有向非农领域越雷池半步。从 2013 年 9 月,A-FIVE 向日本冲绳县栽培水产股份有限公司(冲绳县栽培水产株式会社)出资 4 000 万日元,用以支持该公司向冲绳县和那国岛引进虾养殖加工新技术,到 2019 年 9 月,A-FIVE 共向约 150 个项目进行投资,这些项目全部和"六次产业化"或农业生产资料类及流通类企业的重组与进入有直接关联。[①] 作为一个二三产业高度发达的工业化国家,日本在非农领域必将有众多项目具有较高的投资价值。相比于涉农项目,二三产业的投资项目一般具有回收期相对较短、收益率相对较高、投资风险相对可控等优势。将有限甚至稀缺的金融资源投资这些非农项目所带来的潜在收益,对于任何一家投资机构来说,都具有较强的吸引力。但是作为一家日本政府主导设置、定位于支持"六次产业化"、在一定程度上可以说肩负以金融方式助推日本农村产业兴旺使命的投资基金来说,A-FIVE 坚持了"务农"原则,始终不忘日本政府设置该基金以支持一二三产业融合的初心,做到有所为、有所不为,这是难能可贵的。

三、A-FIVE 赋能乡村产业的内在机制

(一)拟投资"六次产业化"项目的筛选审核及其评析

1. 拟投资"六次产业化"项目的筛选审核

对于 A-FIVE 的股权投资这一主要业务形式,除非单体投资额巨

[①] 资料来源:日本农林水产省官方网站,http://www.a-five-j.co.jp/reporting/pdf/investment/matter_list.pdf。
具体包括:截至 2019 年 9 月 27 日,共投资"六次产业化"实体 140 个,"六次产业化"相关供应商 2 个;截至 2019 年 6 月 27 日,共投资"业务重组类"实体 6 个;截至 2019 年 3 月,共投资"农产品流通类"实体 1 个。

大，否则原则上 A-FIVE 的母基金不参与实体企业的直接投资，而是通过子基金在各自属地范围内向实体企业进行投资。因此，在一般情况下，子基金承担着根据各自地区的实际情况发现、筛选并审核"六次产业化"项目的首问职责。具体来说，当 A-FIVE 子基金发现优质且有意向寻求外部投资的"六次产业化"项目后，将在业务计划、财务计划及项目实施计划等多个方面对经营主体制订的商业计划书进行审核。审核合格后，子基金将就是否参与投资向 A-FIVE 的产业化成长委员会进行咨询。如果得到委员会的肯定答复，子基金将就项目的整体情况提交农林水产省进行"六次产业化"经营体认定。只有被农林水产省认定为"六次产业化"经营体，并最终通过 A-FIVE 基金公司复审的项目才能最终获得 A-FIVE 的投资。自 A-FIVE 成立至今，经过层层审核和筛选，最终获得基金投资的项目的经营主体主要可分为三类。第一类为已经通过了基于"六次产业化"和地方生产与消费类法规的综合商业计划认证的经营体；第二类为认识到从事农林渔行业的经营潜力，以农林渔业投资为主营业务的投资公司；第三类为自身的业务范围不涉及农林渔业，但主营业务为向"六次产业化"相关企业和个人供应原材料的企业。

2. 对"六次产业化"项目筛选审核机制的评析

纵观 A-FIVE 对"六次产业化"项目的筛选与审核流程，不难发现"六次产业化"的相关经营主体若想获得投资，需要经过层层审核和筛选，相关流程可以说极其细致和严苛。这样做的目的在于，对于很多经营主体来说，获得 A-FIVE 投资可以带来的巨大的直接和间接利益，包括一笔数额不菲、使用灵活、最长可达 15 年的无息资金，以及获得国家级资本投资为企业在商誉、市场等方面带来的巨大提升，这显然对企业具有一定的诱惑性。如果审核不严，很有可能会导致泥沙俱下。一方面，滥竽充数的经营主体将占有稀缺的金融资源；另一方面，真正从事"六次产业化"事业的有潜力的项目将因得不到亟须的资金支持而丧失发展机遇。这势必将背离政府通过 A-FIVE 推进"六次产业化"加快发展的初衷。

（二）"六次产业化"合资公司的设立及股东股权和投票权比例的限制

1. "六次产业化"合资公司的设立

一般来说，如果获得 A-FIVE 正式认可的"六次产业化"项目尚停留在商业计划书阶段，A-FIVE 会首先要求农林渔民（第一产业）与农产品加工业（第二产业）和涉及流通、销售业务（第三产业）的一家或多家合作伙伴在"六次产业化"的相关法规的框架下，率先以合资形式成立"六次产业化"实体企业。当然，如果农林渔民和相关的二三产业经营主体已经成立了"六次产业化"实体企业，且该实体企业获得了 A-FIVE 的正式认可，相关流程则更为简化。实体企业成立之后，A-FIVE 将直接向其投资，并成立最终的"六次产业化"合资公司，以此作为开展"六次产业化"相关业务的正式平台。

2. 对合资公司各股东的股权比例和投票权比例的限制

一般情况下，在该"六次产业化"合资公司的股权结构中，农林渔从业者、二三产业相关企业、A-FIVE 的股权比例分别约为 25%、25% 和 50%（平野智巳，2019）。[①] 在该综合性农业公司的日常运营中，除非农林渔从业者、二三产业相关企业提出要求，否则虽然在综合性农业公司的股权占比接近 50%，但 A-FIVE 基金一般不干涉该"六次产业化"合资公司的日常经营决策。此外，为了处理好农林渔从业者和二三产业相关企业

---

① A-FIVE 的股权比例一般不能超过 50%。

的关系，日本政府进行了更加有利于保护农林渔从业者的制度创新，即巧妙地将股权和投票权实现了一定程度上的分离，规定即使二三产业合作伙伴的投资额度超过农林渔从业者，但其投票权也不能超过后者。日本政府进行上述制度安排的目的是，农林渔从业者作为力量更为薄弱的个体，其切身利益更容易受到资本的侵害。如果不能最大程度上保护农林渔从业者的利益，势必不能有效调动其推动所在的第一产业融入二三产业的积极性。鉴于第一产业是实现一二三产业融合的根基，损害第一产业从业者的利益和积极性，必将动摇整个"六次产业化"的根基。

3. 对"六次产业化"合资公司设立及相关权限设置问题的评析

可以说，若想加快推进"六次产业化"，日本必须高度关注农林渔从业者这类第一产业从业群体。一方面，农林渔从业者从事第一产业，是一二三产业融合的基础和关键。必须充分激发农林渔从业者通过自身力量开创"六次产业化"事业或者联合农产品加工、运输和销售等二三产业合作伙伴共同开创"六次产业化"事业的积极性，以此为前提，才能进一步探讨其寻求与 A-FIVE 开展合作的可能性。另一方面，农林渔从业者因为财力有限、生产规模小、组织分散等原因，在同二三产业合作伙伴以及资本进行博弈时，很容易造成话语权缺失，进而打击或动摇其参与"六次产业化"事业以及寻求 A-FIVE 合作的积极性。显然，后者的发生不利于日本"六次产业化"事业的大力推进。为了防止这种状况的发生，政府必须发挥主导作用，通过制定严格的规章制度，保证农民即便出资少，在事关"六次产业化"合资公司发展的重大问题以及自身利益方面，仍拥有较强的发言权。在这方面，A-FIVE 成功地以制度的形式对"六次产业化"合资公司中，农民、二三产业从业者和基金等三方股东的出资比例和投票权比例作出明确规定，并在一定程度上将股权和投票权实现分离，杜绝了二三产业从业者和基金因出资比例占绝对优势而垄断合资企业的话语权的可能性，也防止了农林渔从业者因出资比例最少导致利益受到侵害这一情况的发生，这有利于在最大程度上保护农林渔从业者参与"六次产业化"并同 A‑FIVE 开展合作的积极性。从 A‑FIVE 成立到 2019 年 9 月，在 6 年左右的时间内，仅在"六次产业化"业务板块①，就已经有 140 个实体企业同 A‑FIVE 开展投资合作。这在一定出程度上可以说明，农林渔从业者对 A‑FIVE 对其利益的保护给予较高认可。

（三）A‑FIVE 投资的到期退出机制及其评析

1. A‑FIVE 投资的到期退出机制

A‑FIVE 的投资年限一般为 5~7 年，最长不超过 15 年。在投资期限结束之后，A‑FIVE 会充分考虑农林渔从业者及其二三产业合作伙伴的意见，决定是否给予投资展期。待投资期限正式结束时，作为本质上的财务投资者，A‑FIVE 持有的"六次产业化"合资公司的股份将实现完全转让。通常情况下，A‑FIVE 投资资金的转让有两种方式。第一种方式为向农林渔从业者及其二三产业合作伙伴组成的"六次产业化"实体企业转让，且作为合资公司的股东，"六次产业化"实体企业拥有 A‑FIVE 所持股份的优先受让权。实际上，向"六次产业化"合资公司的其他股东转让 A‑FIVE 所持股份的实质是 A‑FIVE 投资收益的实现。因为在多数情况下，"六次产业化"合资公司的其他股东在回购 A‑FIVE 的股权时，均会给以溢价，而溢价的本质即是使用 A‑FIVE 资金所需支付的价格。A‑FIVE 投资资金转让的第二种方式是，当"六次产业化"合资公司在证券交易市场实现上市时，如果农林渔从业者等原有股东不愿回购 A‑FIVE 持有合资公司的股份，A‑FIVE 将有权将其持有的合资公司的股份向公众转让。在该情况下，既不损

---

① 此处不包括"促进农业生产资料类及流通类企业的重组与进入业务板块"的数据。

害农林渔从业者及其二三产业合作伙伴的利益，又能使 A‑FIVE 实现较大收益。

2. 对 A‑FIVE 投资到期退出机制的评析

观察 A‑FIVE 基金的退出程序，可以发现有两个环节尤为值得借鉴。首先，A‑FIVE 基金在退出时，能够充分考虑农林渔从业者及整个"六次产业化"实体企业的意见。鉴于农业具有经营风险大、周期长的特点，"六次产业化"合资公司在具体项目的运营过程中，很可能出现投资周期较原计划延长的情况。在这种情况下，如果按照 5~7 年投资周期的惯例贸然抽离资金，必然造成"六次产业化"项目的经营主体陡然面临巨大的资金周转压力，导致 A‑FIVE 的前期投资以及"六次产业化"实体企业各类股东的前期努力功亏一篑。其次，日本政府在对 A‑FIVE 基金退出进行制度设计时，充分考虑 A‑FIVE 基金的公益属性以及自身作为基金公司需要获得一定经营收益之间的平衡。一方面，A‑FIVE 基金是日本政府为了推进"六次产业化"发展，扶持农林渔从业者干事创业而设立的一支投资基金，且政府在股东构成中，占据相当比例，因而该基金具有一定的公益属性，不能像单纯的市场化基金那样以追求投资收益作为首要目标；另一方面，使 A‑FIVE 基金具有一定的"造血功能"是其具备可持续发展能力的关键，日本政府分考虑到这一点，因而允许并支持 A‑FIVE 基金在投资期满时，在充分保护农林渔从业者及其二三产业合作伙伴利益的前提下，将自身持有的"六次产业化"合资公司的股份向原股东或股票市场的公众溢价转让。

A‑FIVE 支持"六次产业化"项目的机制具体如图 4‑1 所示。

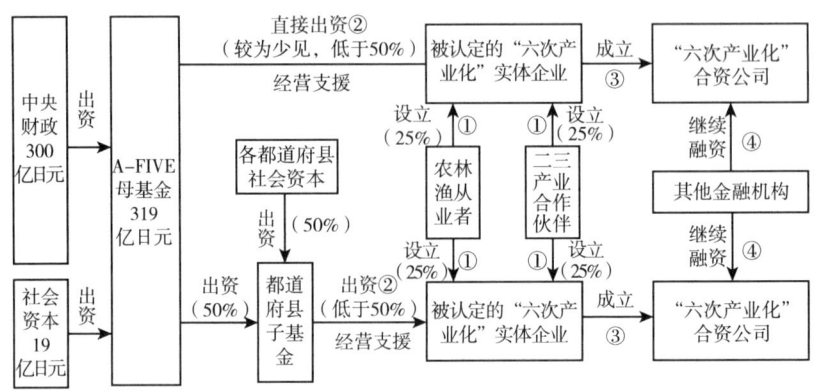

图4-1 A-FIVE支持"六次产业化"项目的机制

资料来源：作者综合《农林渔业成长产业化基金募集要项》（农林渔业成长产业化支援机构，平成26年3月31日）、《农林渔业成长产业化基金——结构和活用事例》（平野智巳，平成30年10月1日）等资料绘制。

注：图中①、②、③、④等数字表示A-FIVE向农林渔民及其二三产业合作伙伴成立的"六次产业化"实体企业进行投资，最终成立"六次产业化"合资公司的流程。具体来说，即：①第一产业的农林渔民同从事农产品加工、运输和销售等业务的二三产业合作伙伴以1∶1的出资比例联合设立"六次产业化"实体企业，且该实体企业应通过相应认定；②A-FIVE子基金向通过认定的"六次产业化"实体企业进行投资，出资比例不超过步骤①中农林渔民及其二三产业合作伙伴的出资总和；③正式设立"六次产业化"合资公司，在该合资公司中，农林渔民、二三产业合作伙伴和A-FIVE的出资比例分别约为25%、25%、50%；④在获得A-FIVE出资后，"六次产业化"合资公司的资本实力得到提升，可进一步向其他金融机构进行融资。

四、A-FIVE赋能乡村产业的典型经验

（一）政府积极作为，多方面增强社会资本投资"六次产业化"的信心

农业本身是一个弱质性产业，加之其具有生产周期长、气候和季节约束性大、"靠天吃饭"等特殊性，同工业和服务业项目相比，农业及其关联产业相关投资项目对资本的吸引力较小。对于日本这样一个典型的小农国家来说，人均耕地少、土地细碎化程度高，农业生产的资源禀赋存在天

第四章 撬动社会资本：赋能一二三产业融合

然短板，以此为基础的农产品加工类企业的生产规模同样相对较小，这些因素更加重了社会资本参与涉农项目投资的顾虑（高橋賢，2013；坂本忠弘，2013）。与此形成鲜明对比的是，作为一个高度发达的工业化国家，日本在汽车、电子、金融服务等众多领域均在全球具有领先优势，这些领域中不乏投资周期短、回报率高、投资风险相对可控的项目。在上述各类因素叠加的背景下，社会资本缺乏投资"六次产业化"相关项目的意愿具有一定的必然性。

鉴于日本正深受农业竞争力弱化的困扰，而增强农业竞争力的希望在很大程度上被寄托在通过推进"六次产业化"来提高农业附加值这一途径上，社会资本投资意愿不强显然不能成为日本停滞"六次产业化"的理由。相反，日本政府为了借助资本的力量加快推进"六次产业化"，必须创造各种条件，以彻底扭转这一被动局面。那么，怎么增强社会资本向农业及以其为基础的"六次产业化"投资的信心？日本的做法是强化政府资金的投资引领和风险兜底功能，这一点在设立 A–FIVE 的母基金时表现得尤为明显。在设置 A–FIVE 的母基金时，日本中央财政出资 300 亿日元，11 家著名私人公司共出资 19 亿日元，政府出资约为私人公司出资额度的 16 倍。这意味着，如果 A–FIVE 投资"六次产业化"项目出现亏损，政府资金的损失将是私人公司的 16 倍。即便是在子基金层面，政府资金和私人公司出资的比例也达到 1∶1，"风险共担"的色彩同样较为浓厚。政府资金在 A–FIVE 出资份额中占有绝对优势，这将向社会资本传递"日本政府对'六次产业化'项目的健康发展抱有绝对信心"的积极信号。毫无疑问，这将显著增强社会资本通过 A–FIVE 投资"六次产业化"项目的信心。日本政府增强社会资本投资"六次产业化"信心的做法，除了表现在出资环节，还在 A–FIVE 相关立法、项目审核、过程监督等环节都有体现。立法环节，日本政府专门颁布《农林渔业成长产业化支援法案》及其实施条例，就 A–FIVE 基金的发展方向、农民投票权的保护等原则性问题作出规定；对于基金计划投资的项目，原则上必须为农林水产省认定的

"六次产业化"经营体,将项目是否合规的审核权限牢牢握在政府手中,可在一定程度上防止基金在市场化运作时,因过分追求投资收益而导致基金的发展方向偏离农业;在基金存续期间,涉及重大问题均需要向农林水产省报备,特别重大的事务还需要经过农林水产大臣的许可,这也是增强A-FIVE基金"姓农"和"为农"属性的表现。政府通过行政、立法等手段,确保A-FIVE基金始终合规运营,可进一步降低社会资本参与投资时面临的风险,从而对增强其投资信心产生积极作用。

(二) 坚持市场化运作,发挥市场配置资源的决定性作用

政府虽然在A-FIVE基金出资、宏观把控等相对前期的工作中发挥了主导作用,但囿于体制机制、人员数量、专业水平等因素的制约,一般情况下政府在运营基金时,常表现出明显劣势。此外,项目投资价值的甄别等具体工作的开展是一种更为市场化的商业行为,某种意义上对"投资嗅觉"和商业敏感度的要求更高。在这些环节中,如果希望A-FIVE基金能够在市场化竞争中实现可持续健康发展,最务实的选择是在基金的后续运营阶段选聘专业的市场化机构和个人,建立市场化运营机制,充分发挥市场在资源配置中的重要作用,从而实现政府和市场在配置资源方面的优势互补(大多和巖,2013;佐藤彩生,2017)。

A-FIVE基金坚持市场化运营主要体现在三个方面。第一个方面,A-FIVE基金通过市场化机制选聘基金管理人(General Partner,GP),实现"专业的人做专业的事"。对于"基金"这一投融资机制来说,其具有市场化程度高、金融属性强、专业化水平要求高等特点。同样,对于A-FIVE基金来说,其实现高效运营的关键是选聘专业水平高同时相关工作经验丰富的基金管理人。为了实现这一目的,A-FIVE在选聘基金管理人时尤其注重考查其操作相关产业基金的经验,并就相关选聘事宜制定了明确的规则。A-FIVE基金坚持市场化运营的第二个方面是,在日常运营过程中尽量淡化政府是其大股东这一背景,这一做法在其人员聘用时表现得尤为明

显。作为一支定位为支持"六次产业化"发展的产业基金，相比于聘用缺乏相关行业从业经验的员工，聘用在"六次产业化"相关领域具有丰富实践和管理经验的政府退休公务员，将为企业节省一定的培训成本和效率成本，但是聘用政府退休公务员，必将给外界带来 A-FIVE 基金在日常运营过程中还将受到政府干预的顾虑。为了尽量减少这种顾虑，A-FIVE 基金在聘用退休公务员时，会将相关人员的身份信息、工作履历和退休时间在其官方网站予以公示，并严格限制相关人员的聘用数量。A-FIVE 基金坚持市场化运营的第三个方面，是允许基金获得合法的超额投资收益，以增强对 A-FIVE 基金管理人员的激励。虽然 A-FIVE 基金由政府主导成立，定位为支持"六次产业化"，具有较强的公益属性，但是这并不意味着基金在投资活动中不能获得合法的投资收益。相反，A-FIVE 自身实现可持续发展是为"六次产业化"发展提供强有力支持的重要前提，而增强员工的工作积极性以进一步提高基金的运行业绩，则是实现自身可持续发展的关键。为此，日本政府专门对 A-FIVE 获得超额投资收益的权力和实现路径作出规定，允许其在 A-FIVE 投资到期后向农林渔从业者及其二三产业合作伙伴进行基金份额的溢价转让或在合资公司实现上市后，向公众转让其股权。

（三）强化"务农""姓农"和"为农"色彩，确保农民利益的最大化

A-FIVE 有清晰的功能定位，即为"六次产业化"提供资金支持，从而大幅提高农业附加值。那么怎么确保上述目标的实现？A-FIVE 的做法是，注重坚持和强化"务农""姓农"和"为农"三个原则，以此确保服务"六次产业化"的目标不偏移。

首先，坚持"务农"的功能定位，不为追求盈利而涉足非农行业。众所周知，农业是一个周期较长、收益较低且风险较大的产业部门，相应来说，从事农业投资也面临周期相对较长、回报率相对较低、风险控制难度

相对较大等劣势，在同二三产业的投资项目相比时，这一劣势表现得更为明显。在此情况下，要求基金公司聚焦涉农主业，避免将业务领域偏向非农部门需要更强的耐力和毅力。就 A–FIVE 来说，其业务领域仅有支持"六次产业化"和促进农业生产资料类及流通类企业的业务重组两大板块。其中，在成立之初，A–FIVE 就将自身业务明确定位为支持"六次产业化"，这在后续发展中依然是其最为核心的业务领域。可以说，A–FIVE 在后续业务发展过程中，真正坚持了"务农"的功能定位，将全部的人力和金融资源都用到支持涉农产业发展上面来。

其次，强化"姓农"色彩，保护农林渔等第一产业从业者的核心利益。农林渔从业者是第一产业的主体，只有激发农林渔从业者参与"六次产业化"的积极性，才能促进"六次产业化"的持续健康稳定发展。那么，怎么激发并保持农林渔从业者参与"六次产业化"并同 A–FIVE 基金开展深度合作的积极性呢？A–FIVE 的做法是在"六次产业化"合资公司中，就农林渔从业者、二三产业从业者和 A–FIVE 基金的出资比例和投票权比例作出明确规定，通过明确限定 A–FIVE 基金的最高投票权比例以及农林渔从业者的最低投票比例，防止资本完全左右"六次产业化"合资公司的经营方向，尤其防止农林渔从业者因出资比例较低，其表达利益诉求的权利受到侵害。这种将出资比例和投票权比例在一定程度上分离，使农民既能以较少出资比例撬动更多社会资本，又不因此完全丧失话语权的规则设置，激发了农林渔从业者同 A–FIVE 合作的积极性，更强化了 A–FIVE "姓农"的色彩。

最后，不忘"为农"初心，多方面促进"六次产业化"经营主体的利益实现最大化。对参与 A–FIVE 的农林渔从业者来说，其利益在一定程度上实现了最大化。一方面，A–FIVE 基金的投资是长期、高度灵活的，这对于涉农项目的稳定运转非常重要。因为，农林渔业生产需要面临恶劣天气和自然灾害的风险，同时，较长的生产周期使农林渔相关项目难以实现快速盈利。如果资金期限过短，则必然打乱农林渔业业者的生产计划和既定节奏；同样，如果资金用途限定过严，则"六次产业化"项目的经营主体容易被束缚住手脚，难以发挥主观能动性。相比于一般类债权资金，A-FIVE 在最长可达 15 年的期限内，对资金的使用没有具体限制，这样一来，农林渔业者在运营"六次产业化"项目时，只要不偏离商业计划，就能更为自主地使用资金，使其可以更加自如地追求经济利益。另一方面，A-FIVE 通过向"六次产业化"实体企业进行投资，可有效提高其信誉水平，便于其放大杠杆效应，进而获得更多其他资金支持。对于获得 A-FIVE 投资的"六次产业化"实体企业来说，获得农林水产省等政府部门的审核以及经过 A-FIVE 可谓严苛的尽职调查，是必需的前提。也就是说，一家"六次产业化"实体企业能获得投资，即是对其生产经营能力、合规性、稳健性的最好说明，这无疑将极大提升该实体企业的信誉水平，对提高其市场认可度、融资便利度等大有裨益。同时，由于 A-FIVE 基金的投资，"六次产业化"实体变更为合资公司后，其资本比率会大幅增加，这也可以进一步降低其融资难度。[①] 第三方面，获得 A-FIVE 投资可有效提升"六次产业化"经营主体包括经营、管理和运营能力在内的软实力。A-FIVE 是一个培育基金，除了提供融资服务之外，还可以向"六次产业化"的各类经营主体提供咨询服务。具体来说，在获得 A-FIVE 投资后，如果"六次产业化"项目的经营主体提出要求，则 A-FIVE 的管理咨询团队可根据被投资"六次产业化"实体企业的实际经营状况，从专业角度就各种问题提供建议，确保业务按计划进行。

---

① 例如，假设农林渔从业者出资 5 100 万日元，其二三产业合作伙伴出资 4 900 万日元成立资本金 1 亿日元的"六次产业化"实体企业，当获得 A-FIVE 子基金的 1 亿日元的投资后，即成为一家资本金达到 2 亿日元的"六次产业化"合资公司。如果该合资公司还有进一步融资计划，即可获得 A-FIVE 1 亿日元的无担保次级贷款和另外 2 亿日元的其他金融机构贷款，最终形成高达 5 亿日元的商业资金。

五、基于日本实践的启示

(一) 我国强化社会资本入农,应平衡好"政府"和"市场"的关系

在典型的小农国家中国,强化社会资本支持一二三产业融合,应该更加注意平衡好"政府"和"市场"的关系。一方面,政府应积极作为,在制度建设、风险共担和宏观把控等方面强化担当,必要时,可由政府财政出资设置引导基金,以其作为涉农产业基金的劣后部分,起到为社会资本缓释投资风险的作用,以此切实增强社会资本投资一二三产业融合相关项目的积极性和主动性;另一方面,又要发挥市场配置金融资源的决定性作用,避免政府对具体事务的过度干预。具体来说,在吸收社会资本成立面向一二三产业融合的金融产品之后,可借鉴日本经验,通过选聘专业、高效的市场化运营队伍,将产品运营、项目筛选、产品定价等具体工作交由市场化专业人才按照市场规律办理。

(二) 我国强化社会资本入农,应坚持"务农"原则

稀缺性是金融资源的重要属性之一。相比于一般的金融资源,面向一二三产业融合的金融资源则更加稀缺。不妨以 A-FIVE 为例,来阐述其中原因。一是 A-FIVE 基金具有投资期限较长、用途灵活的优势,融资主体拥有更大自主性;二是获得 A-FIVE 基金的投资,在一定程度上相当于获得政府和其他 A-FIVE 股东的背书,这对于增强融资企业的知名度和可信赖度大有裨益;更为重要的是,由于 A-FIVE 基金具有一定的公益属性,且多为股权融资,因此,使用该笔资金的成本相比于其他市场资金更低。由于稀缺,A-FIVE 等具有一定公益属性的金融产品必将面临供不应求的

局面。在此背景下，更应该聚焦主业，加强对项目的审核，做到有所为、有所不为，真正将宝贵的金融资源用到支持具有成长潜力的一二三产业融合项目中去。具体来说，我国可借鉴日本 A-FIVE 的经验，一方面，不忘设置该基金以支持一二三产业融合的初心，聚焦农业主业，经受住将资金投向非农产业从而博取更大收益的诱惑；另一方面，对于拟投资项目的投资价值，由基金和主管政府部门进行多层审核，防止鱼龙混杂，使基金无法实现效应最大化。

（三）我国强化社会资本入农，应保障农民的主体地位

保障农民的主体地位，主要体现在两个方面。第一个方面是要充分尊重农民意愿。以基金的形式向农民及其二三产业合作伙伴创立的一二三产业融合实体企业进行投资，从另一个角度讲，也是上述经营主体对该实体企业的控制权和收益权的让渡。如果这种让渡以及过程中的产品定价、到期退出等问题不能完全建立在充分尊重农民意愿的前提下，必将面临适得其反的结果，不利于这一本来具有公益属性的金融投资机制的大范围推广。保障农民主体地位的第二个方面，是在向一二三产业融合实体企业进行投资时，要最大程度保障农民等弱势群体的利益，以激发和保持其参与创建一二三产业融合项目并同社会资本建立合作关系的积极性。在这一方面，可借鉴日本 A-FIVE 的成功经验，以制度的形式对一二三产业合资公司中，农民、二三产业从业者和基金等三方股东的出资比例和投票权比例作出明确限制，并在一定程度上将股权和投票权实现分离，使农民这一最为弱势的群体即使出资少，也不至于投票权过低，从而最大程度上使农民在一二三产业合资公司的发展方向、利益分配等重大事项上拥有一定发言权。

六、本章小结

强化体制机制创新，增强社会资本的信心和动力，是撬动社会资本投资乡村产业项目，进而破解乡村振兴"钱"的制约的关键。为了给我国构建和完善相关政策提供借鉴和参考，本章选取同为小农国家的日本通过设立 A－FIVE 以强化社会资本支持"六次产业化"为研究对象，系统分析了 A－FIVE 的设立背景、出资和业务概况及其投资机制，总结出政府在基金设立、风险缓释和宏观把控等方面积极作为，基金坚持市场化运作，强化"务农""姓农"和"为农"色彩，确保农民利益最大化等 A－FIVE 支持"六次产业化"发展的特点。基于上述分析和发现，本章凝练出 A－FIVE 对我国强化社会资本支持一二三产业融合的启示。

第五章　强化科技支撑：赋能农业高质量发展

农业是国民经济基础产业，我国提出的乡村振兴战略及农业农村优先发展战略都强调了农业高质量发展的重要性。在当前自然资源和环境约束条件下，加快农业科技创新体系建设是促进传统农业转型发展和现代农业发展的基础与前提（杨玉珍、黄少安，2019）。目前中国农业科技创新体系面临科技投入不足（薛鹏飞等，2021）、科技人才结构性失衡（李慧泉、毛世平，2020）、科技成果转化率低（熊桉，2019）等一系列问题，如何建设和完善农业科技创新体系，已成为中国农业科技发展过程中需要解决的重要问题之一。日本的农业资源禀赋与中国基本相似，但日本农业科技创新能力和现代农业发展水平远高于中国，其已建立健全的农业科技创新体系和以政府为主导的"官、产、学"协同创新模式在农业科技创新发展中具有重要作用。日本强有力的科技创新政策和创新投入促进了农业科技创新体系的不断完善，有力地推动了现代化农业的持续发展，其农业科技创新体系建设和协同创新的经验模式对中国农业科技创新的发展具有借鉴作用。基于此，本章聚焦近年来日本旨在提高农业竞争力的农业科技创新组织体系、政策体系和投入体系的现实特征，并结合当前中国农业科技创新体系存在的问题，探讨对完善中国农业科技创新体系建设的相应启示。

一、日本的农业科技创新和技术转移体系

科技创新是促进农业技术发展的重要推动力,随着经济全球化的逐渐深入,日本进一步完善了其科技创新组织体系,以推动农业科技创新体系的完善。

(一)农业科技管理架构

日本采取的是集中协调型的科技创新管理机制,主要以法律框架为主,辅之以财政及金融等鼓励扶持措施以促进农业科技创新的发展(智瑞芝等,2016)。农林水产省及其下属的农林水产技术会议负责全面统筹和规划农业科技创新发展的主体框架。具体来说,农林水产省主要负责农业科研领域的基本科研规划,加强农业科技研发、政府相关政策的协调管理,协调各农业科技创新主体之间的关系,同时有相应的法律、经济、行政手段配合农林水产省的管理工作;农林水产技术会议成员是从具有丰富研究经验的专业人员中选拔,从结构上保持不同学科的搭配和部门的交叉,同时也可以确保对研究机构管理的专业性,以避免直接干预和盲目指导。地方政府设有农林水产部,主要负责细化农林水产省科技创新任务、管理地方科研机构。

日本的农业技术推广工作是由农林水产省下属经营局设立的普及部专门负责。普及部制定了农业技术推广规划、经费预算、组织协调、成果管理等一系列流程,促进将农业科技成果转化为实际生产力。与此相对应,各级地方政府下设农业改良普及中心,并培养技术普及员,负责配合普及部进行本地区的农业技术推广、科技成果转化使用和规划设定,并负责编制农业技术推广资料等工作。

（二）农业科技创新主体

日本农业科技创新主体由公共科研机构、企业科研中心和大学研究所三大系统组成。"二战"后，在政府的引导下，日本逐渐形成了"官、产、学"联合的农业科技创新机制，这一农业科技创新机制呈现出创新规模不断扩大（李平等，2018）、合作形式多样化（智瑞芝，2009）、政府和农协双轨的农业科技服务模式等新的特征（王红玲、柏振忠，2004）。"官、产、学"三者各有特定的研究层次和重点，公共科研机构以应用研究为主，企业科研中心主要以面向市场化的开发研究为主，大学研究所则主要从事基础研究。

1. 公共科研机构是主体力量

日本的公共科研工作主要由直属农林水产省的29所国立公共科研机构承担，其中农业19所、林业1所、水产业9所，以及北海道、东北、关东等8个地方农业试验场。国立公共科研机构主要针对全国进行具有普遍性的农业技术创新活动，而地方科研机构主要针对区域进行具有区域特征的农业技术创新活动，农林水产省进行整体调控和布局，从国家层面上为日本农业技术研究领域确定发展目标和重要发展方向。

进入21世纪以来，日本大力改革公共科研机构，将其改为独立行政法人，使之具有较大的自主权。如农业、食品产业技术综合研究机构（NARO）、林业综合研究所（FFPRI）和国立渔业研究所（FRA）是3个最大的综合性农业科研机构，在日本各地区设多个分支机构，是处于农业技术研究前沿领域的科技机构，同时充分发挥其国家战略性科技力量的作用，以提高农业科技创新效率、促进科技成果转化。独立行政法人改革的一个显著特点是各级科研机构在职能上实现明确分工和互补，避免重复设置。

2. 企业是重要参与者

企业科研中心是日本科技创新体系的重要组成部分。企业科研中心经历了从模仿创新到合作创新的发展阶段，集群创新、"官、产、学"等合作创新模式使日本中小企业的生产技术水平快速提高。21世纪以来，日本涉及农业方面的企业科研机构多达364家，其中3家大型农业科技公司（TAKIY种苗公司、SAKATA种子公司、雪印种苗公司）主要参与农产品新品种的研发创新，通过供给高质量种子为农业生产提供助力。

日本的农业产业政策促进了企业开展有效竞争（陈建安，2007）。企业科研中心在农业科技创新领域的研究主要集中于技术开发的突破，青睐技术聚变，对基础研究和应用研究涉及较少；并一直在加强与科研机构、大学研究所和其他企业间的合作，设立技术转移机构等，以打破原有企业科研中心的封闭性和僵硬性，激发科技人员的主观能动性和独创性。

3. 大学是基础研究的承担者

日本的大学作为高等教育机构不但承担着教育和培养人才的使命，而且还作为研究机构在国家科技创新体系中发挥着十分重要的作用，在科技创新中是基础研究的承担者。大学研究所的科研经费一直在增加，其中农业方面的科研经费占比一直保持在4%左右，而国立大学占据了绝对优势。

20世纪90年代起，日本强调要重视以基础研究为中心的大学研究所的作用，在此背景下，日本正式实施《国立大学法人法》，将大学视作独立法人，激发大学创新的积极性。据此，日本进行了大学研究所的改革，加强共同科研机构的建设，支持大学科技人员跨领域参加科技活动，让更多的科技人员发挥自己的作用，通过产学合作有力推动了基础研究创造新产业的发展；同时也加强国际合作交流，面向国际市场拓展研究领域，使大学的科研机制进一步向开放性和流动性转变，促进了农业基础研究的发展。

（三）农业技术转移体系

1. 宏观层面

技术转移是将科技成果应用于实际农业生产，以转化为生产力的重要途径。日本的农业技术推广体系建设始于1948年日本颁布的《农业改良助长法》，技术转移机构通过与都道府县普及所、地方改良中心和普吉指导员的合作，以农业生产技术为核心，为农户提供技术服务和技术咨询，从国家到地方形成了一套完整的体系。2006年颁布的《有机农业推进法》指出，为促进新农业技术开发和成果转移，各级组织将采取措施以促进新技术开发、成果转化转移使用；2010年颁布的《六次产业化法》指出，为促进农业及相关产业的持续发展，政府制定相应的措施保证农业技术创新的顺利进行，通过"官、产、学"合作来实现成果转化转移与技术普及实际生产层面，推动农业生产发展。

2. 微观层面

日本建立了完善的农协组织与多元化的技术转移机构，如图5-1所示，政府对农协组织给予政策性支持，农协组织和政府设立的农业技术转移机构积极合作，将新技术成果及时向农户转移。多方参与和多层次的转移合作机制极大地促进了日本农业技术的有效利用。日本耕地少、土地细碎，只有实行专业化集约经营才是农业的根本出路，于是政府把大量的涉农业务委托给农协经办。农协是服务于农业生产的民间团体，具有强大的社会服务性质，形成了中央、都道府县、市町村的三级组织架构，覆盖农村各个领域。农协发挥的作用，在一定程度上解决了小规模经营的局限性，在基层农业科技转化及转移方面起到了政府农技转移组织无法比拟的作用。农协在不同层级上行使着不一样的职责，围绕着农业科技专业化和服务化对农户开展全方位的生产指导，1948年颁布的《农业协同组合法》就是为促进和保护农协的发展而制定的法律；此外，农协各层级间的组织结构分明、职责分工明确、布局合理等特点，对推广农业技术具有很大的推动力。

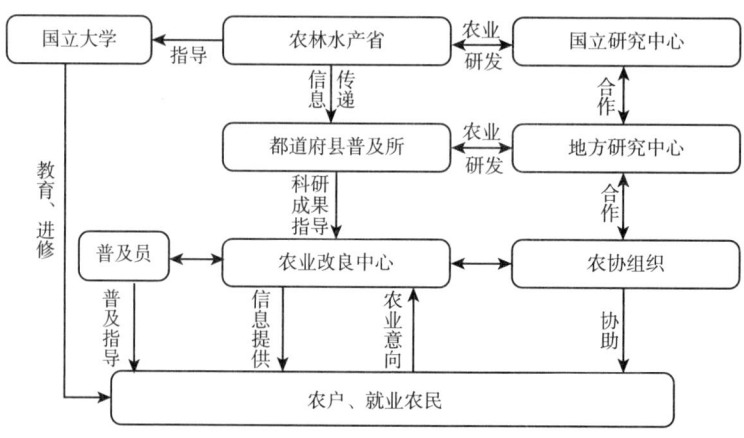

图 5-1　日本农业科技转化、推广、普及体系

综上所述，在农业科技创新组织体系方面，日本主要通过集中协调型的科技创新管理机制，以法律框架为主，辅之以财政及金融等鼓励扶持措施以完善管理制度；"官、产、学"联合开发的农业科技创新机制，三者各有特定的研究层次和重点领域；多层次的农协组织与多元化技术转移政府机构极大地促进了农业技术转移。

二、强化农业科技创新和技术转移的制度供给

日本的农业科技创新政策始终随其国内外形势和环境的变化不断调整，并且十分重视技术的引进与消化，主要为农业科技创新组织体系服务，目的在于加强农业科技创新体系建设，提高农业科技创新能力和加快农业技术转化，发挥科技创新在农业发展中的推动作用。政府十分重视农业技术对现代农业的促进作用，并通过在不同时期出台不同的农业科技政策以促

进农业科技创新（胡凌啸、周应恒，2018）。农业科技创新是一个漫长而又复杂的过程，政府在促进农业科技创新的同时，也重视创新人才对科技创新的重要性，通过加强对农业科技创新人才的培养力度，同时把对农业科技创新的支持法制化，为农业科技的发展提供制度保障和法律支持，共同促进农业科技创新体系建设。

（一）主要特征

1. 国家战略层面突出科技创新体系

日本充分认识到科技创新的主导作用，通过完善相应的技术创新体系，运用政策和法律搭建科技创新平台，推动国家战略向科技创新方面促进发展，以振兴科学技术为战略目标，并以此为杠杆推动国家经济发展（李建民，2009）。2007年提出《创新立国战略》，确立了以推动科技革命、科技进步和人才培养为根本宗旨和主要目标的科技创新立国战略体系；2010年提出《新增长战略》进一步完善科技创新战略；2012年提出《推进科技创新政策》从不同角度对科技创新提出了新要求，丰富了科技创新的内容，扩展了科技创新的研究领域（寺田等，1997）。国家战略层面的科技创新体系建设为日本农业科技创新的发展奠定了基础。

2. 农业技术发展体现科技创新

农业技术创新是一个不断为农业竞争力的提升提供技术支撑的过程，同时也是一个不断推动经济增长的过程。日本形成了由政府主导、企业重点参与、农民协作的农业技术创新体系，由政府科研机构主导科技创新，企业科研机构注重开发性技术研究，政府组织开展技术转移推广，为农户提供技术支持。而且，政府为了加强对农业发展和农民利益的保护，向农户免费提供新型生产技术，同时对采用新技术的农产品实施价格补贴，大力增强新技术推广力度，保证新技术的生产效益。

3. 法律层面体现农业科技保护

日本高度重视农业技术对农业发展的推动作用，先后制定了一系列旨在促进农业技术引进和创新、具有日本特色的科技法律法规体系。政府在不同阶段从不同角度制定农业科技扶持政策，把国家对农业科技创新的支持法制化，为农业科技的发展提供了制度保障和法律保护。在技术引进时期，以立法的形式为农业技术引进和吸收提供法律依据；在自主创新时期，以法律规定加强科技研究的基础设施建设及促进科技成果推广，为自主创新奠定基础；在科技创新立国时期，制定具有特色的战略性、纲领性法律法规，并从人才、信息、基础设施等方面营造良好的环境，为新战略的实施提供法律保证。日本农业科技法律保护政策最大的特点是根据形势发展的需要来制定，然后围绕各类基本法，相关部门出台各项计划、综合战略等具体推进措施，以促进农业科技创新发展。

（二）重点支持领域

日本农业科技创新政策的重点集中于5个领域：一是强化农业科技创新成果转化推广使用；二是制定了《农林水产研究基本计划》；三是稳定农业经济市场，确保农产品供给；四是确立《粮食、农业和农村基本计划》；五是强化农业技术保护（潘素昆、张玉梅，2005）。

1. 强化农业科技创新成果转化推广使用

为确保农产品的高产量和高品质，1994年日本推出"十大农业科技创新成果"并大力推广及应用，保证了日本农产品的竞争力。2011年，日本推出新的"十大农业科技创新成果"，表明日本农业科技创新水平有新的突破。

2. 制定了《农林水产研究基本计划》

20世纪80年代，日本经历了泡沫经济时期，为了能更高效率地推动农业技术创新发展，政府制定了作为日本农业科研机构研究开发指南的《农林水产研究基本计划》和《关于农业研究的目标》，以此引领日本农业科技创新工作（平力群，2018）。随着日本经济的发展，农林水产技术会议多次制定了新的基本计划，并明确提出以加强农业竞争力、确保农产品安全以及实现健全饮食生活为目标（石俊华，2008）。2010年，新制定的《农林水产研究基本计划》明确未来10年重点技术研究领域的阶段性预期目标和保障措施（農林水産省，2014），各级农业科研机构制定了相应的研究计划进行配合，以确保阶段性目标的顺利实现和重点研究领域的突破。

3. 稳定农产品市场，确保农产品供给

20世纪90年代初，日本经历了"失去的十年"的经济萧条时期，其经济萧条的根源在于自身僵化的经济体制已不适应经济发展的需要（金仁淑，2011）。为稳定农产品市场、发展农业新技术，日本制定了4个新对策：一是政府确定新的预算框架，大力支持能降低农业生产成本的新技术研发与应用，加强科技机构与企业的资金合作；二是制定了"日本奇迹"计划（1995年），培育水稻新品种和研发新水稻生产技术，以提高农产品的供给；三是开发新的乳牛和肉牛相结合的牛仔生产技术；四是开发低劳动强度的未来型农业技术，着重于改善园艺业的劳动强度。日本试图通过农业科技的力量来恢复农业的稳定生产和确保农产品的供给（小宫隆太郎、余昺鹍，1988）。

4. 确立《粮食、农业和农村基本计划》

日本根据不同发展阶段的要求适时调整粮食安全保障策略的总体思路受到世界粮食供给及贸易的影响。日本的农业老龄化日趋严重，粮食自给率开始下降，为稳定国内粮食市场，使进出口和粮食储备稳定，政府制定了指导农业生产的政策性文件《粮食、农业和农村基本计划》，并注重提升潜在生产能力（郭曦等，2016）。2015年，日本推出新的《粮食、农业和农村基本计划》，提出未来 10 年农业发展的方针和战略，并首次把食品加工流通业与农业、农村经济的协调发展作为一个整体，并从法律上加以全面规范、提出相应的对策措施。其意在保障农业的高产出和农村可持续发展，提升日本的农业国际竞争力（王学君、周沁楠，2018）。

5. 强化农业技术保护

为提升日本的农业国际竞争力，政府的农业政策重心从社会政策向产业政策偏移。2001 年提出旨在推进农业政策改革和农业结构改革的《保障食物稳定供给和创造美好国家的重点计划》，以确保食品的稳定供给、发挥农业多方面的机能、保障农业可持续发展；2006 年发布为提高农产品国际竞争力的《21 世纪新农政 2006》，提出加强对农产品出口的支持；2013 年制定了促进农业活力改革计划方案，取消农产品调减补贴，促进土地集约化、规模化经营，从根本上推动农业政策改革；2016 年开始实施《人工智能未来农业创造项目》，推动民间的人工智能（AI）技术研究，将人工智能应用于农业生产、减少人工劳动强度；2017 年设立《农业竞争力强化支援法案》等农业改革相关法案，加强法制化的农业支持保护体系建设。随着新时代的发展，政府从法律保护和市场需求的角度支持新型农业技术的研究与开发使用，日本的"六次产业化"强调通过一二三产业间的信息共享和系统集成（王乐君、赵海，2016），打通产业链与价值链，提高农产品附加值。

（三）人才培养体系

1. 组织体系

日本在第二期《科学技术基本计划》中提出了科技人才培养的基本方针，据此，日本形成了由政府主导、高校参与、企业配合的农业科技人才教育培训体系，把"官、产、学"合作教育机制作为一项基本国策，将企业、大学、科研机构和基础教育紧密结合在一起（张豪、张向前，2016）；地方政府和农协也加强对农户的技术教育和运用新型生产技术能力的培养，以提高农业人员高新技术需求与复杂发展环境相适应能力，大力推进农业人员的科技运用能力与新方式经营能力相结合的建设，逐步形成了农业科技人才培养的框架。据统计，在 21 世纪，日本 4 年制本科大学设有农业部的有 52 所，含农业类学部的有 60 所，除大学外，还有部分农业短期大学（类似于大专）和 400 多所农业职业学校[①]，其培养方式为理论联系实际，为农户传授科学技术知识，提高农业人员的技术能力。

2. 政策体系

日本创新驱动的科技人才发展机制由培训机制、引入机制和保护机制三方面构成（董娟，2008）。日本先后制定了《日本教育法》和《学校教育法》，将发展教育作为基本国策。2002 年推出"21 世纪卓越中心计划"，在主要大学重点资助培养具有创造力的青年研究人员；2006 年推出《振兴研究生教育政策实施纲要》，提出要建设"具有国际竞争力"的科研基地，强化大学的人才培养功能，加强对科技创新人才的培养力度，保证人才培养的高质量；2007 年新修订的《雇佣对策法》开始生效，加强对具备高级知识和技术的外国人在日就业的政策保护，与此同时各科研机构加强实施对国际创新人才引进的政策措施；2009 年推出《基础科学强化综合战略》，提出加强科技创新人才建设、提高国际竞争力；2010 年农业、食品产业技术综合研究机构（NARO）设立竞争性特别经费，支持年轻研究人的创新研究；此外，《强化基础研究的长期方针与政策》强调对从事基础研究的青年科技人才培养。日本完善的科技人才培养体系促进提高了人才的科技创新能力和农民的技术能力水平，为农业科技创新发展奠定了良好的基础，促进了新技术的转化及推广效率提升。

---

① 资料来源：日本文部科学省发布的《2000 年日本教育白皮书》。

综上所述,在农业科技创新政策体系方面,日本在国家战略层面突出科技创新体系,确立了以推动科技革命、科技进步和人才培养为根本宗旨和主要目标的科技创新立国战略体系,为农业科技创新奠定了基础,形成了由政府主导、企业重点参与、农民协作的农业技术创新体系,并加强农业科技创新人才的培养力度;此外,把政府对农业科技创新的支持法制化,为农业科技的发展提供制度保障和法律支持,共同促进日本农业科技创新体系建设。

三、强化农业科技创新和技术转移的要素投入

日本把科技创新作为国家发展战略,近年来对科技创新要素投入持续加大。日本农业科技创新投入体系是由公共科研机构主导、企业科研中心重点参与、大学研究所紧密配合,为农业科技创新发展提供了科研经费和科技人才两方面的保障,促进了农业科技创新体系的完善和发展;并从政策、法律等方面加以支持,既为农业技术创新活动提供保障,也提高了将新技术转换为实际生产力的转化效率。

农业科技投资强度(即政府投入、企业投资和大学经费投入总和占地区农业总产值的比重)常被用来衡量农业科技创新的投入水平,也是反映科技创新发展动态的一个重要指标(黄季焜、胡瑞法,2000)。如图5-2所示,从2007年起,日本的农业科技投资强度已超过4%,2010年和2011年已超过5%,远高于目前发达国家农业科技投资强度的平均水平2.37%(邢晓柳,2014)。但日本农业领域的科技人才一直处于减少趋势,从农业科技创新主体的创新投入分析,公共科研机构和企业科研中心的科研经费和科技人才投入均呈缓慢递减趋势,而大学研究所的科研经费和科技人才投入趋于稳定。

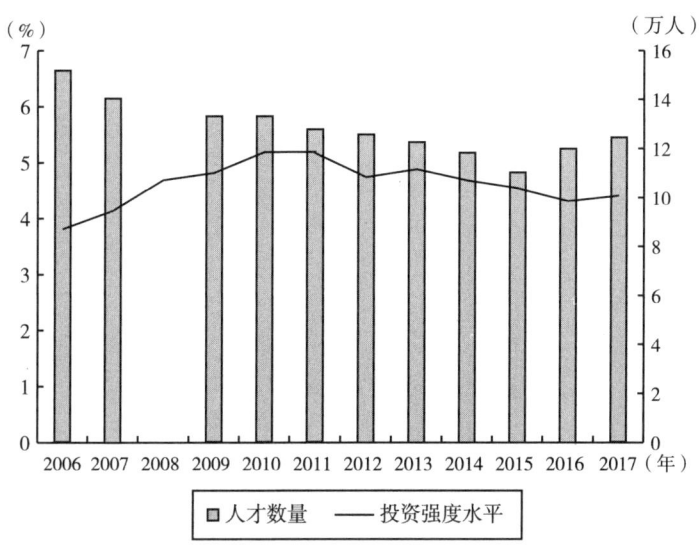

图 5-2　日本农业科技创新资源投入的年度分布

资料来源：《平成19—30年科学技术研究调查报告》。

（一）公共科研机构的创新投入要素

近年来，日本公共科研机构的科研经费主要是由政府财政支持，其在农业领域的科技创新要素投入呈缓慢减少态势，如图 5-3 所示，科研经费从 2006 年的 2.58 万亿日元减少到 2017 年的 2.16 万亿日元，年均下降 1.64%，占公共科研机构总科研经费比重从 2006 年的 14.7% 缓慢下降到 2017 年的 13.4%。同时，近些年来日本公共科研机构在农业领域的科技创新人才数量一直处于减少状态，从 2006 年的 11.20 万人减少到 2017 年的 9.94 万人。虽然公共科研机构在农业科技创新领域的要素投入有所减少，但政府采取的促进科学技术发展的措施为日本农业科技人才的培养指明了方向，为保障农业科研经费奠定了基础。

公共科研机构在农业领域科技创新的重点都比较集中于应用研究和开发研究阶段，对基础研究涉及相对较少，如表 5-1 所示，其投入基础研究的占比基本稳定在20%左右，投入应用研究的占比为35%左右，投入实验开发研究的占比为45%左右。

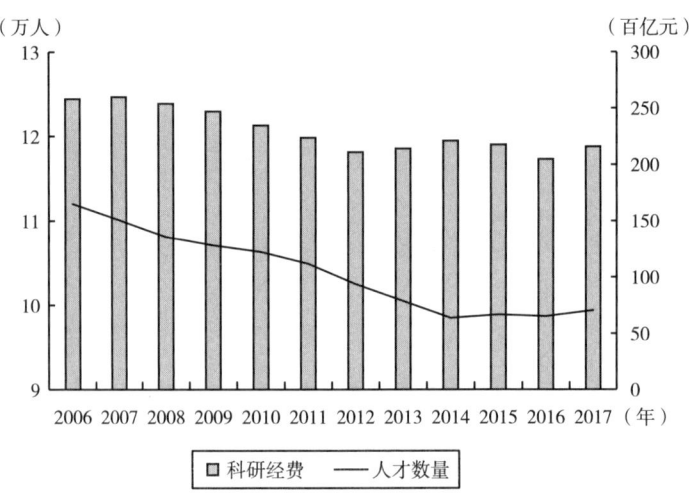

图5-3　日本公共科研机构农业科技创新要素投入的年度分布

资料来源：《平成19—30年科学技术研究调查报告》。

表5-1　　2006—2017年日本公共科研机构的农业科技创新投入　　单位：%

类别	2006年	2008年	2010年	2012年	2013年	2014年	2015年	2016年	2017年
基础研究	20.7	21.5	21.1	23.2	22.2	23.2	22.0	24.4	23.2
应用研究	32.3	33.9	32.1	32.1	34.1	35.8	39.1	32.3	35.3
开发研究	47.0	44.7	46.8	44.7	43.6	41.1	38.9	43.3	41.5

资料来源：《平成19—30年科学技术研究调查报告》。

（二）企业的创新投入要素

日本政府一直在引导企业在科技创新中发挥重要作用，企业科研中心也是日本农业科技创新的重要参与者，但是，企业科研中心对农业科技创新要素投入呈现下降趋势。其中：科研经费从2006年的3.3万亿日元减少到2017年的2.8万亿日元，年均减少1.68%，占企业总科研经费的比重从2006年的2.5%下降到2017年的2.0%，其90%以上的经费来源于私人部门；科技人才也一直处于减少状态，从2006年的2.80万人减少到2017年的1.31万人。相比较而言，科研经费变动幅度相对较小，但由于科技人才的减少导致企业科技人才的人均科研经费从2006年的1 188万日元增长到2017年的2 117万日元，年均增长5.4%，有很大程度的提高。日本企业加强了对科技人才的吸收和引进，但对农业类科技人才的重视程度依旧不足。

日本企业科研中心在农业领域科技创新的重点主要集中于开发研究阶段，仅有小部分集中于基础研究和应用研究领域，如表5-2所示，其在基础研究阶段的投入比重在10%以下，在应用研究阶段的投入比重不足20%，而在开发研究阶段的投入比重为70%左右，处于较高水平，表明企业更青睐技术聚变。

表5-2　　　2006—2017年日本企业科技中心的农业科技创新投入　　　单位:%

类别	2006年	2008年	2010年	2012年	2013年	2014年	2015年	2016年	2017年
基础研究	6.6	6.4	6.9	6.7	6.9	6.7	6.7	7.5	8.3
应用研究	18.6	20.0	19.3	18.8	18.6	17.4	17.2	16.7	16.0
开发研究	74.8	73.7	73.8	74.5	74.5	75.8	76.1	75.9	75.7

资料来源：《平成19—30年科学技术研究调查报告》。

（三）大学的创新投入要素

近年来，日本的大学研究所在农业领域的科技创新要素投入趋于稳定态势。科研经费维持在1.4万亿日元左右，变动幅度很小，占大学研究所总科研经费比重从2006年的4.2%下降到2017年的3.8%，说明大学研究所总科研经费有所增加；农业科技人才数量基本保持稳定，大约为1.1万人，只有少量的增加。日本大学对创新科技人才的培养一直很严格，与国际化的科研机构接轨，保证人才培养的高质量。

日本大学研究所在农业科技工作中承担着基础研究领导者的角色，在农业领域的研究重点一直处于基础研究阶段，如表5-3所示，其投入农业基础研究的经费比重一直保持在55%左右，超过其总科研经费的一半，而投入应用研究和试验开发研究的经费比重相对较少,其中应用研究的经费比重保持在35%左右,开发研究的经费比重却不足10%。

表5-3　　2006—2017年日本大学研究所的农业科技创新投入　　　单位:%

类别	2006年	2008年	2010年	2012年	2013年	2014年	2015年	2016年	2017年
基础研究	54.9	54.3	53.2	54.7	54.2	54.7	55.4	53.9	53.7
应用研究	36.3	36.6	37.6	36.6	36.8	36.5	35.9	37.0	37.3
开发研究	8.8	9.1	9.2	8.8	9.0	8.8	8.7	9.0	8.9

资料来源:《平成19—30年科学技术研究调查报告》。

综上所述,日本把科技创新作为国家发展战略,近年来对农业科技创新要素的投入持续加大,由国家科研机构主导、企业重点参与、大学紧密配合,为日本农业科技创新发展提供了科研经费和科技人才两方面的保障,促进了农业科技创新体系的完善和发展,并从政策、法律等方面加以支持,保证了日本农业技术的创新发展。

四、对中国的启示

中国农业正在向现代农业转型,现有的农业科技创新体系已不能完全适应现代农业发展的需要。当前,中国农业科技创新体主要面临着以下问题:①创新主体组织管理较为分散,缺乏整体有效的互动协同创新机制,造成科技创新资源利用效率偏低;②科技推广体系不健全,科技成果转移转化率低;③科技人才存在结构性缺失,高端人才流失严重;④创新资源投入存在结构性失衡,涉农企业创新投入有待进一步加强。结合以上对日本农业科技创新体系现实特征的分析,提出以下对中国四个方面的政策启示。

(一)加强推动构建农业科技创新体系的战略指引

目前中国的农业管理体系建设仍未能满足农业农村发展新形势和新要

求,可借鉴日本的发展经验,加强建立综合性的农业科技创新管理体系,统筹规划农业创新资源,全面统筹农业科技创新工作,提高管理效率和资源利用效率。整合协调国家科研机构和企业科研中心,充分发挥地方农业科研机构、高校科技机构及企业科研中心在农业技术创新中的引领作用和基础研究的实践作用;加强区域协同创新平台建设,构建以政府为主导、市场配置资源、各创新主体有效互动、"官、产、学"协同创新发展的农业科技创新体系。

农业是国民经济中的基础产业,应从国家宏观战略上重视农业科技创新发展,以科技促进农业发展。一方面从宏观政策、法律法规、财政补贴等多角度加强实施农业科技创新战略,以科学技术为杠杆推动农业经济发展;另一方面,在农业科技创新进程中加强监管力度,注重农业科研项目的建设性和延续性,强化科研项目的高质量结题,促进农业科技新成果的落地应用,促使农业科技创新工作向高质量发展。

(二) 激励农民专业合作经济组织建设,促进技术成果转移转化

提高农民的组织化程度、注重发展综合性合作组织是日本农协对中国发展农民专业合作经济组织最重要的启示之一。从政策、法律法规等多方面支持农民专业合作组织的发展,让农户自己负责经营管理专业合作经济组织,使农民专业合作经济组织充分发挥在农业生产、农业技术推广、农村集体经济发展等方面的引领作用和保护作用,并加强农民专业合作经济组织与国家农业科研机构的合作和协同运作,加大技术转化和推广力度。

可借鉴日本农业科技推广的发展经验,整合各类农业优势资源,加快构建和完善以政府技术推广机构为主导、农民合作经济组织为基础的多元化的农业技术转移推广体系;加强科研机构、高校和涉农企业在技术推广和成果转化过程中的参与度,促进其参与公益性活动,以提高农业科技成果转化率;加强基层农户科技示范户的示范作用,加强基层农户技术培训等工作,从基层层面保证农业科技成果转移转化和推广。

(三) 加强高层次农业科技人才培养和人才结构性调整

发挥中国科技人才数量优势，提高农业科技人才的综合技术能力。区域间人才结构失衡是中国目前面临的最大问题，高端人才主要集中于国家科研机构和高等院校。地方科研机构与高校应强化农业科技人才的引进政策，把有关人才政策落到实处，优化对优秀人才的引进策略，完善人才的保障体系，减少引进人才的后顾之忧；同时强化对自身科技人才的培养力度，加强与其他科研机构、高校间的人才交流，联合培养高层次农业科技人才。此外，加强高水平科研机构建设，优化科技创新环境，减少科技人才流失。

扶持和鼓励地方农业职业技术学校发展，提高农业从业人员的综合技术能力，有助于调整区域间人才结构，弥补基础农业技术人员不足。培育青年职业农民，对地方培训院校给予财政等方面的优惠补助，鼓励和引导青年人从事农业技术性生产工作，并注重发挥科技示范农户的作用。

(四) 调整科技创新投入结构，强化企业创新投入的主体地位

在新的经济发展形势下，中国更加强调农业竞争力的提高，而提高农业竞争力的前提是加强农业科技创新投入，促进农业科技创新发展。农业企业是日本农业科技创新体系的重要主体，而当前中国的农业科技创新仍主要是以公共科研机构为主体，应进一步加强企业的科技创新投入主体地位。

以市场需求为导向，通过政策引导企业科研中心提高在农业科技创新方面的参与度，并促使其整合科研力量，注重开发应用新技术的科技创新。鼓励企业加大农业科研投入，对其开展农业技术创新在税收、补贴等方面提供扶持性政策措施，充分发挥市场需求对企业农业科技创新的促进作用；深入推进一二三产业融合，引导更多企业开展农业科技创新，实现企业向农业科技创新投入主体的转变；建设协同创新机制，强化企业与农业科研

机构的协同合作，发挥企业科研资金充裕和国家科研机构人才充足的优势，实现"1+1>2"的农业科技创新效应。

五、本章小结

本章通过分析日本在"科技立国"理念指导下建立的农业科技创新的组织体系、政策体系、投入体系的现实特征，为加强中国农业科技创新体系建设提供参考借鉴。研究发现：日本在推动农业科技创新方面构建了包括协调型的农业科技创新管理机制、"官、产、学"各具特色并联合开发的农业技术创新机制、多层次农协组织与多元化技术转移机构共存的农业技术推广机制等在内的创新组织体系，有力推动了日本农业发展。其在国家战略层面突出科技创新，形成由政府主导、企业重点参与、农民协作的农业技术创新政策体系，辅以科技人才支持和法制化保护的辅助政策体系，并形成了公共科研机构为主导、企业为主体、大学紧密配合的农业科技创新投入体系。结合我国国情，提出以下启示：加强构建和实施农业科技创新体系建设发展战略，激励农民专业合作经济组织建设，加强高层次农业科技人才培养和人才结构性调整，以及强化企业在农业领域科技创新投入的主体地位。

第六章 发展智慧农业：加快小农生产智能转型

当前，为了给经济社会的稳定运行提供长久有力支撑，我国正着力推进以新一代信息通信、大数据和人工智能等技术为重点的新型基础设施建设（简称"新基建"）。对于"三农"领域，除了要补齐村庄道路、基本农田和人居环境等传统领域基础设施建设的历史欠账，更要充分利用本轮新基建的有利契机，努力找寻新基建和农业自身发展的可能结合点，以借力新基建进而赋能农业高质量发展。

近年来，"智慧农业"正在部分发达国家日渐兴起。作为一种将信息通信、大数据和人工智能等工业4.0技术同传统农业实现有机融合的新型农业生产经营方式，智慧农业自诞生以来，已在欧美和日韩等不同农业发展模式的生产实践中获得成功[1]。结合我国的农业生产实际，智慧农业同样可以在有效应对现实挑战，进一步增强农业未来发展潜力方面发挥重要作用。一方面，农业人口老龄化、生产效率和竞争力低下等问题持续困扰

---

[1] 关于"智慧农业"的定义和具体范畴，目前尚无世界范围内的共识。从本章聚焦的中日两国来说，日本农林水产省将"智慧农业"（スマート農業）明确界定为"通过利用机器人技术和ICT实现超级劳力节省和高质量生产的新型农业"（https://www.maff.go.jp/j/kanbo/smart/）。中国的智慧农业尚处于起步阶段，对"智慧农业"尚无正式官方界定。在中国，中央网信办、农业农村部于2019年12月印发的《数字农业农村发展规划（2019—2025年）》中提到，智慧农业的技术体系应以"5G技术为引领"，综合人工智能、大数据等关键技术。总体来看，中日两国对"智慧农业"内涵与技术范畴的界定具有较大相似性，均将以机器人为代表的人工智能和包括5G在内的新一代信息通信技术作为关键技术。

第六章　发展智慧农业：加快小农生产智能转型

我国农业发展，智慧农业以其"智能""高效"，可显著增强农业应对上述挑战的事实已得到多个国家的验证；另一方面，以智慧农业为载体，加快先进的工业4.0技术向我国传统农业的迁移与融合，是增强农业未来发展潜力，实现我国农业由追赶到超越的重要途径。由于智慧农业所依赖的核心技术同本轮新基建的重点领域高度重合，我国农业部门很有必要把握这一难得历史机遇，对发展智慧农业进行前瞻性布局。

鉴于智慧农业尚属新生事物，学术界对中国智慧农业应该如何发展这一重要问题的研究尚处于起步阶段。现有文献主要从三个视角展开：一是总结我国智慧农业发展的现有模式（胡亚兰等，2017）、成绩（龙江等，2018）和问题（侯秀芳等，2017），以强优势、补短板的方式谈我国智慧农业的未来发展；二是通过梳理和反思欧美发达国家智慧农业发展的经验和不足，进而探究其对我国智慧农业发展的启示和借鉴（蒋璐闻等，2018；刘丽伟等，2016）；三是落脚到具体视域，从制度供给（汝刚等，2020）和驱动机制（李世杰，2019）等方面探讨如何加快我国智慧农业发展。总之，目前学术界对中国智慧农业发展路径的研究还非常薄弱，更没有文献立足小农生产现状，探究小农条件下的中国应该选择怎样的智慧农业发展路径。

那么，立足小农生产现状，我国的智慧农业应该怎么发展？选择怎样的发展路径进而制定哪些针对性政策措施？毫无疑问，选取借鉴价值高、智慧农业发展初具成效的国家为典型案例，系统分析其发展智慧农业的背景、路径和相关政策措施，进而结合我国智慧农业发展的当前实际，有选择地借鉴其经验、规避其不足，将对我国选择适合国情和农情的智慧农业发展路径大有裨益。有鉴于此，本章选取了日本这样一个同为小农国家、农业生产的多个方面同我国高度相似、智慧农业发展已取得较好成效、可借鉴价值较高的国家为分析案例。本章首先系统分析了日本大力发展智慧农业的背景，选择了怎样的发展路径以及制定了哪些针对性政策措施；其次鉴于应该基于我国实际有选择地借鉴日本经验并弥补其不足，重点对中日两国智慧农业在功能定位、发展阶段和现实条件等方面的异同进行了比较分析；最后基于日本经验和两国的比较分析，提出我国布局智慧农业的可行路径和相应政策建议。

一、日本发展智慧农业的缘起

近年来，二三产业高度发达但农业日渐萎缩的日本，为了更有效地发挥其工业技术的领先优势，带动农业摆脱发展困境进而实现产业自立，正立足其小农生产实际，大力推动智慧农业发展。

（一）亟须通过智慧农业应对日益严峻的劳动力短缺困境

战后至今，日本农业一直深受人口萎缩和老龄化问题困扰，而这一问题近年来越发严峻。伴随着农业劳动力的持续流失，日本农业离村不离农、"二兼滞留"现象普遍。到2018年，日本兼业农户占比依然高达67%。[①] 2019年，在140.4万基干农民中，年龄超过65岁的农民数量达到97.9万，占比近70%，农业就业人口的平均年龄更是达到67岁，在人口下降、年龄老化、耕地废弃等众多因素作用下，日本的农业生产力持续下降。1980—2018年不到40年间，日本的谷物自给率从33%下降到不足28%，其中主食用谷物自给率由69%下降到59%，热量自给率从53%下降到39%，各项指标在当时的发达国家中都是最低的（马红坤等，2019a）。产值方面，在1985年达到11.63万亿日元的历史最高点后，农业GDP一直递减。在农产品中占有重要地位的稻米产值也下降了约60%（马红坤等，2019a）。刨除因扩大开放、价格下降、汇率波动等原因的影响，农业生产自身能力下

---

① 本章所涉近年日本农民数量、年龄、兼业经营等情况的数据皆出自日本农林水产省统计部农业和林业普查、农业结构动态调查数据，网址为：https://www.maff.go.jp/j/tokei/kouhyou/noukou/，由于篇幅原因，下文不再逐一标注。

降导致的产值萎缩依然严重。为了抑制农业生产能力持续下滑，日本首先需要增强对农业劳动力短缺的应对能力。对于工业化程度较高的日本来说，相关的智能技术、辅助劳动技术已经较为成熟，在此情况下，将这些技术和农业生产进行结合进而发展智慧农业，成为补齐日本正在面临的农业人力短板的理性选择。

（二）需要借助智慧农业增强农业竞争力进而实现产业突围

当前，竞争力弱化的日本农业正处于内外竞争的包围之中。国内方面，农业部门对内遭到其他产业部门的挤压。具体来说，日本作为完成工业化的国家，其二三产业高度发达，相对弱势的农业部门发展所必需的人力和耕地资源不断遭到挤占。以耕地为例，1961 年，日本的耕地面积为 608.6 万公顷，2011 年已降至 456.1 万公顷，2020 年则进一步降至不足 440 万公顷[①]（马红坤等，2019b）。国际方面，日本农业正面临越来越严峻的外部竞争。近年来，日本正寻求加入多个多边和双边自由贸易组织，为了寻求谈判的突破，日本政府不得不应谈判对手的要求削弱农业保护，这使其竞争力弱化的农业部门不得不直面新大陆国家大规模农业的竞争。毫无疑问，面临日趋激烈的内外部竞争，多措并举，增强农业自身竞争力，寻求产业自立是日本农业突围的关键之选。鉴于小农生产格局下，劳动生产率低下是制约日本农业竞争力的重要原因，那么，立足小农生产现实，寻求可以大幅提高劳动生产率的技术新突破成为日本政府近年来的重要政策选项[②]。

---

① 2020 年数据来自日本农林水产省耕地面积统计资料（详见：https://www.maff.go.jp/j/tokei/kouhyou/sakumotu/menseki/）。

② 日本多地的实践证明，智慧农业生产手段确实能够帮助生产者提高生产效率、降低生产成本进而提高收益。例如，岐阜县羽岛市的一个牧场使用 ICT 设备对牧群信息进行集体管理，实现了对牲畜站立、躺卧、行走和反刍的 24 小时监测，同时该牧场运用 ICT-TMR 混合器和 ICT 称重装置，用于制作混合饲料，最终实现了减少牲畜死亡和降低饲料成本的目标；高山市的一个水稻农场使用 ICT 设备进行彻底栽培和成本管理，最终降低了人力成本的 50%。对于通过智慧农业生产方式降低成本、提高收益的案例感兴趣的读者，可以登录网站查阅更多案例：https://www.jt-tsushin.jp/article/casestudy_smart-nogyo_case/。

在此背景下，对信息通信、智能机器人等尖端技术发达的日本来说，将这些尖端工业技术和农业实现融合，发展智慧农业的新思路应运而生。

（三）农业结构改革初见成效，发展智慧农业的时机日臻成熟

除了高度工业化背景下，日本具有智能技术从工业向农业转移的便利之外，近年来农业结构改革初见成效，进一步使日本发展智慧农业的时机日臻成熟。在农业经营主体结构调整方面，2018年，日本进入农业领域的法人企业数量达到3 286家，较2012年翻了一番以上。在这3 286家法人企业中，有超过42%的企业以租赁形式经营多达1公顷以上的农地（日下祐子，2019）。这意味着，日本的农地正在逐步向这些资本实力雄厚、技术水平较高的法人企业集中。从日本整体的农地结构改革看，2012年初，日本广义概念[①]上实现集中的农地占比约为47.9%，经过多年改革，到2019年初，农地集中率已经达到56.2%，距《日本复兴战略》确立的80%的农地集中目标更近了一步（马红坤等，2019b）。农业结构改革的成效显然有利于智慧农业的推进。从经营主体角度来看，相比于资本实力较差、科技素养较低的小农户来说，公司制法人本身资本实力较强，还可以通过融资进一步增强自身资本实力，同时其科学文化素养比小农户具有优势，这使其有能力购买和运营相关智能设施。从农地集中角度，相比于地块狭小、分布零散的农业生产格局，适度规模经营一方面为无人机等智能设施的运行提供了足够空间，另一方面也极大地降低了设备使用和运行的边际成本。总体来说，农业结构改革初见成效，使日本智慧农业的发展条件日趋成熟。

[①] 这既包括传统意义上农地通过出售、租赁等形式实现所有权或经营权转移，还包括携地入股、集落营农等形式的农地集中。

二、日本智慧农业的发展路径

经过多年引导和扶持,日本的智慧农业发展取得了较大成效。一方面,智慧农业相关的智能技术已基本覆盖农业各细分领域且发育程度日臻成熟(见表6-1);另一方面,智慧农业相关的技术采纳程度日渐提高,市场主体不断增多、规模不断扩大①。而基于自身实际明晰发展路径并制定合理的政策措施是日本智慧农业取得成效的关键。

表6-1　　　　　　　　日本智慧农业相关技术发育情况

技术分类	技术明细		
无人机技术	田地和农作物可视化* 农产品运输* 野生鸟类和动物破坏应对*	授粉工作* 施肥**	农药喷洒** 播种**
农业机器人技术	自动操作系统** 自动水果分拣系统* 机器人拖拉机** 运输机器人* 水稻插秧机**	割草机* 辅助服务** 自动喂食*** 喷雾器*	畜舍清洗* 通用自走式机器人* 收割机* 挤奶***
环境监测控制技术	设施环境测量** 设施环境控制** 畜舍环境控制**	水位测量** 野外环境测量**	水位调整** 土壤分析**
畜牧管理技术	接触感应*	非接触式感应*	—

---

① 随着技术成熟度日渐提高,日本智慧农业相关智能技术的技术采纳率不断提高。以智慧农业的基础性技术农业物联网技术为例,到2014年底,日本已有约50%以上的农业经营主体选择使用农业物联网技术(毛烨等,2016)。伴随着技术采纳程度的提高,日本智慧农业的市场也正逐步发育完善。一方面,各类市场主体正在积极进入智慧农业领域。例如,日本电信行业巨头NTT DOCOMO公司宣布,该公司已经部署了自身进军智慧农业的专项解决方案(https://www.nttdocomo.co.jp/biz/special/primary_industry_ict/);另一方面,日本智慧农业的市场规模增长迅速。根据日本矢野研究所的研究数据,2015年日本农林水产领域智慧农业的市场规模为97.24亿日元,经过两年的培育和发展,到2017年底,日本智慧农业的市场规模已达到120亿日元,较2015年增长了27.7%(https://www.yano.co.jp/press-release/show/press_id/2304)。

续表

技术分类	技术明细		
生产流程管理技术	生产经营管理系统** 病虫害远程诊断系统*	技术继承系统**	—
其他技术	家畜饲养管理** 野生鸟类和动物破坏对策**	家畜环境应对*	放牧管理*

资料来源：農業新技術の現場実装推進プログラム，农林水产省，2019年6月。

注："*"表示示范阶段；"**"表示市场化推广阶段；"***"表示普及阶段。由于部分技术还可分为更为具体的细分技术，但每项细分技术所处阶段不同，由于篇幅所限，作者将某项技术项下多数细分技术或主要细分技术所处阶段定义为该技术所处阶段。如读者需要了解更为具体的技术发育阶段，可向作者索取相关材料。

（一）明确功能定位：立足当前小农实际，服务小农、强化小农

毫无疑问，日本是一个典型的东亚小农国家。可以说，小农生产在当下甚至今后相当长一段时间内，都将是日本农业生产的最大现实。鉴于农业相关技术的发展方向一定要立足基本国情农情，才能使技术本身迸发持久生命力的同时真正有效带动产业发展，日本在制定智慧农业发展方向时，非常注重立足其小农生产实际，强调服务小农的功能定位。从相对微观的技术层面来说，日本智慧农业相关技术具有明显的服务小农生产的多个特点。一是基于日本小农精细化作业特点，相关智能技术更加强调"精"。例如，当下日本正在完善的农业机器人技术，该技术能够自动观察农田和农作物的生长状况，对其进行精细控制，并根据监测结果辅助农户制订下一个年度详细的种植计划（内阁官房，2015）。同时，农业机器人可以使用自带的 GPS 和各种传感器进行高精度的位置和姿势控制，进而实现避障功能，从而大幅提高了适应农业生产的能力。而智能装备的小型化，显然也是日本基于其地块分散狭小的农业生产实际而选择沿用的技术发展路径。日本智慧农业服务小农的第二个体现是技术覆盖领域更"细"。当前，日本智慧农业相关的智能技术基本上实现了对农业各细分领域的覆盖。从技术种类角度，日本智慧农业相关的智能技术可分为无人机技术、农业机器

人技术、环境监测控制技术、畜牧业管理技术、生产流程管理技术和野生动物应对技术等,每项技术项下则又细化为多项子技术(见表6-1)。日本智慧农业服务小农生产、增强小农生产能力的第三个体现是技术发展更加强调对人力的辅助与替代。当前,由于多年的农业人口流失和衰老,农村青壮年劳动力不足,老龄人口占比上升已成为既定现实。在通过综合措施改善农业人口结构尚未明显见效的情况下(西育矢等,2016),日本的农业生产必须面对当前现实。在此情况下,通过智能技术,一方面辅助农业生产,另一方面,增强现有劳动力的生产能力成为一个现实选择。当前正在逐步推广的田间机器人拖拉机、机器人水稻插秧机、机器人联合收割机、运输机器人以及牛棚中的挤奶机器人等技术,都在很大程度上增强了日本小农户的生产能力。

(二)政府和市场形成合力:政府优化发展环境,市场决定资源配置

整体来看,日本的智慧农业尚处于产业发展的早期阶段。在这一阶段,日本政府在完善产业发展相关的政策法规、制订产业发展规划、加大扶持力度等方面做了大量工作。日本第196届国会召开期间,农林水产大臣强调,智慧农业的发展规划要着眼中长期,全国要营造适合智慧农业发展的软环境,并呼吁开展更有针对性的立法(衆議院農林水産委員会,2018)。在2016年颁布的安倍政府增强农业竞争力的纲领性文件《农林水产活力创造计划》中,日本政府对于发展农用ICT、机器人等技术做出了专门规定(農林水産業・地域の活力創造本部,2014;農林水産省,2019)。对于产业的发展,绘制蓝图、规划先行尤其重要。早在2004年,日本政府就已经将农业物联网技术的发展列入政府计划(首相官邸,2013a)。为了完善智慧农业的基础设施建设,农林水产省正在执行一项名为"21世纪农林水产领域信息化战略"的发展规划,目的即是建立发达的农林水产通信网络。2013年底,农林水产省设立了"实现智慧农业研究小组",该小组的主要

职能是绘制智慧农业发展的路线图并提出针对性的政策措施（中国自动化学会，2015）。为了强化对智慧农业相关产业的扶持，日本政府在强调政策支持的同时，更注重给以真金白银的财政扶持。单就农业智能机器人这一项来说，2015 财年，农林水产省就通过"机器人革命实现计划"预算支出了 51.95 亿日元（経済産業省製造産業局産業機械課，2015）。作为高度发达的市场经济国家，日本政府向来注重发挥市场配置资源的决定作用，这一点对于智慧农业领域也不例外。近年来，日本正根据《农业竞争力强化支援法案》，通过定向减税降费、给予专项补贴和无息贷款等多种组合手段，重点鼓励民营企业进入智慧农业领域，以增强市场活力，促进公平竞争。同时，政府较为注重软环境的营造，通过提供共享租赁、代理服务、促进与不同领域的私营企业和金融机构对接等方式，为新进入该领域的各类企业提供支持，以进一步增强智慧农业对各类市场主体的吸引力（農林水産省，2018；千葉諭等，2017）。

（三）深化人和地双维度的农业结构改革：促进小农生产接轨智慧农业

虽然日本的智慧农业较为注重同小农生产的农业发展实际相结合，产业和技术的发展路径带有比较浓重的服务小农的色彩，但是这绝不意味着智慧农业只是单方面迎合小农生产方式。鉴于智慧农业具有提高农业生产效率、降低劳动负担等优点，是未来农业发展的一个重要趋势，因此，对于不适宜智慧农业发展的某些小农生产因素，日本选择通过推进结构改革进行完善，以使小农生产能适应现代农业发展尤其是智慧农业发展的要求。日本的农业结构改革从两个维度进行，一方面，推进农业生产经营主体的结构改革，促进专业化程度高的农业生产经营主体对传统小农户的替代；另一方面，推动农地经营权结构改革，通过推进农地集中，农地向部分生产经营主体集中。2013 年前后，新上任的安倍晋三内阁着手出台了《日本复兴战略》（首相官邸，2013 b）。在这份谋划日本未来产业发展前景的重要文件中，日本政府明确提出，在未来 10 年，要大力吸引和培育新型农业经营主体，并促进农地向其集中（小针美和，2014）。核心目标为，新进入农业部门的经营主体数量实现翻倍，40 岁以下的年轻农民数量达到 40万；在农地集中方面，在未来 10 年，将实现 80% 的农地向上述少部分经营主体集中。基于该宏伟计划，2013 年 12 月，由安倍晋三亲自担任本部长的日本农林水产活力创造本部制定了《农林水产地区活力创造计划》，进一步强调和细化了日本的农业结构改革（農林水産業·地域の活力創造本部，2014；農林水産省，2019）。经过多年努力，日本的农业结构改革取得了一定成效，进入农业领域的法人企业数量达到 3 286 家，较 2012 年翻了一番，广义农地集中率接近 50%（安冈澄人，2017）。通过有效推进农业结构改革，资金实力更强、科技和文化素养更高的新型农业经营主体大量进入农业部门，对于智慧农业发展来说，这些新型农业经营主体在设备购买、技术开发、后期维护等方面的优势明显。另一方面，大量农地向少部分农业经营主体实现集中，农业无人机、智能拖拉机等需要在相对宽广地域作业的智能设备拥有了更为宽广的使用平台，而这也为相关智能技术的发展、改良提供了空间。

（四）夯实技术和人才基石：强化技术创新与转移，完善人才培养体系

日本是一个科技和教育高度发达的资本主义国家，以高水平的科技创新和人才培养著称。对于智慧农业的发展，日本同样高度重视该领域的科技创新和人才培养。科技创新方面，日本一方面高度重视智慧农业相关技术的自主开发，力争做到将核心技术掌握在自己手中；另一方面，日本同样重视引进吸收其他国家在智慧农业方面的先进科技成果。自主开发方面，日本一个突出的特点是其技术开发非常强调对农民等农业生产者意见的咨询，尽量增强技术开发与农民意愿的贴合程度。一般来说，由于农业科研具有一定的外部性，包括中国在内的很多国家，大学和研究机构是农业相关技术创新的主力,但这样的科研方式容易造成科技成果不接地气,技术开发和应用"两张皮"的问题。为了避免这一问题的出现,并提高智慧农业相关技术开发成果的转化效率,日本在全国各地设立了农民意愿咨询柜台,鼓励农民给予技术应用反馈。为了使咨询系统能够正常运转,日本还培养了一批专司联系农民和各类技术开发机构的现场顾问,由其解答农业生产者在应用智慧农业相关技术过程中遇到的问题,并将农民的反馈意见传递给各类技术开发机构。对于智慧农业相关技术的引进,日本是从两个维度展开的。一方面,日本高度重视从欧美等其他发达国家进行技术引进;另一方面,鉴于智慧农业的关键技术来自于工业领域,尤其是来自机器人、AI等智能制造领域,因此,日本非常注重从本国工业领域进行技术引进。例如,日本电信行业巨头NTT DOCOMO公司、新兴高科技公司软银等,在进军智慧农业领域之前,其业务领域和农业基本没有交集,而其进入智慧农业领域之后,则把工作的部分重心放在了将自身具有领先优势的信息通信、智能软件等技术引入农业领域,以进行智能农业装备的开发。在智慧农业的人才培养方面,日本正逐步构建一个包含农业高中、农业大学和农民培训在内的层次分明的人才培养体系。对于农业高中,其为学生提供更加前沿的农业技术课程。从2022财年起,日本还将在新的高中学习指南中,重点关注农业机械的自动控制和AI等创新智慧农业技术(農林水産省,2020)。对于农业大学,一方面,农业大学生可以参加结合了智慧农业新技术的实践课程;另一方面,部分农业大学从各类智慧农业技术开发机构选聘外部讲师,由其负责向大学生讲授当前智慧农业新技术的进展情况(農林水産省,2020)。对于农民来说,日本一方面建立各种网站和论坛,并定期发布智慧农业的相关技术示范,为农民等农业生产者查找相关技术信息提供便利;另一方面,同各类农业高等院校合作,由其定期举办各类智慧农业相关技术的讲座和培训活动,为农民获取智慧农业的新技术和新知识提供机会。

三、中日两国智慧农业发展的比较分析

日本在农业资源禀赋和农业发展模式等诸多方面同我国具有高度相似性,某种程度上可以说,日本可以作为我国农业的某些技术和理念上的试验田。对中日两国来说,智慧农业同属新生事物,但日本起步相对较早。我国很有必要在系统梳理日本智慧农业发展路径和相关经验的同时,深入分析两国智慧农业发展在功能定位、发展阶段和现实条件等方面的异同,只有结合自身实际,有选择地借鉴成功经验,才能为我国的智慧农业发展找寻适合国情和农情的发展路径并制定切实可行的政策措施。

(一) 中日两国智慧农业发展的共同点

1. 通过提高生产率、强化竞争力实现维护农业产业安全的共同目标

近年来,中日两国普遍面临农业竞争力弱化的困扰。这一点,对于二三产业高度发达的日本如此,而对于正加速工业化和城镇化的中国更为明显。未来,随着我国工业化、城镇化持续推进和对外开放进一步加大,农业部门势必将面临更大的国内产业竞争和国际同业冲击。如果不尽快提升我国的农业竞争力,一旦造成农业部门因内外挤压而萎缩,必将威胁我国的粮食产业、农业产业安全和农民的生计安全(马红坤等,2020)。可以说,在确保粮食安全的根本目标已基本实现的前提下,如果想扭转农业竞争力弱化的不利局面,在做大农业的同时,更强调做强是中日两国农业发展的共同目标。那么,怎么尽快促进我国农业竞争力的提高?毫无疑问,问题的关键在于尽快找到导致我国农业竞争力弱化的原因,在此基础上,才能找到针对性的对策。而对于小农国家来说,小规模农业造成的农业生

产率低下是竞争力弱化的重要原因①,中国自然也不例外。在此背景下,同日本一样,我国智慧农业发展需具有清晰的提升劳动生产率、增强农业竞争力的导向。基于此导向,更有重点地发展农业机器人、智能耕作设施等可高效进行重复性、标准化和程度高的劳动力密集型生产活动的相关技术。

2. 以机器换人作为应对农业人口危机的共同选择

随着城镇化、工业化的持续推进,我国大量的农村青壮年劳动力持续从农业生产部门向外转移。具体来说,从年龄角度看,我国的农村对外转移人口以青壮年为主,2017年全国农民工平均年龄为39.7岁,50岁以上农民工占比仅为21.3%。农村地区年轻子女和老年父母"进城"与"留守"的代际分化明显;从性别角度看,2017年全国外出农民工中,男性和女性占比分别为65.6%和34.4%,这意味着农村地区大量男性向外转移,农业生产主要依靠老人、妇女和儿童支撑。②农村青壮年劳动力尤其是青壮年男性劳动力的流失使我国农业发展面临未来"谁来种地"的压力增大。这一方面,中日面临的问题非常相似(见表6-2)。

表6-2　　　　　　　　日本农业人口数量和结构变化趋势

类别	2010年	2015年	2016年	2017年	2018年	2019年
农业从业人口(万人)	260.60	209.70	192.20	181.60	175.30	168.10
≥65岁占比(%)	61.59	63.47	65.24	66.46	68.45	70.20
平均年龄(岁)	65.80	66.40	66.80	66.70	66.80	67.00

---

① 以数据更易获得的邻国日本为例,在技术进步、精耕细作等因素作用下,1980年,日本的土地生产率是美国的10倍,但人多地少、小农生产的日本其人均土地占有率仅是大农场作业的美国的1/100,这足以抵消土地生产率的优势。将二者相乘,可得日本的农业劳动生产率仅为美国的1/10,竞争力差距可想而知。除此之外,日本农产品生产率的差距还体现在农业部门同其他产业部门的比较上。时至今日,日本以4%的农业人口只生产了约1%的GDP,劳动生产率约为平均水平的1/4,这足以体现农业部门同其他产业部门相比,在生产率方面的劣势(速水佑次郎等,2003)。

② 农民工相关数据均出自国家统计局《2017年农民工监测调查报告》。

续表

类别	2010年	2015年	2016年	2017年	2018年	2019年
基干农民（万人）	205.10	175.40	158.60	150.70	145.10	140.40
≥65岁占比（%）	61.09	64.54	65.01	66.42	68.02	69.73
平均年龄（岁）	66.10	67.00	66.80	66.60	66.60	66.80

资料来源：日本农林水产省统计部农业和林业普查、农业结构动态调查数据。

注：（1）"农业从业人口"是指从事农业经营（包括兼业经营但以务农为主）的15岁以上的农民数量。

（2）"基干农民"是指以自雇形式开展农业个体经营的农民。

鉴于劳动力向农业回流以及推进适度规模经营等缓解农业人力资源危机的努力并非一日之功，寻找可靠的人力替代工具成为应对"谁来种地"问题的不二之选。在此背景下，同日本一样，我国在制定智慧农业的发展路径时，应更加强化智慧农业相关技术对人力的替代，沿着这一方向，推动智能设备、精密机械对人力的替代是一个理想而又务实的选择。

3. 以"小"和"精"的智能技术应对细碎化的资源禀赋制约

中日两国均是典型的东亚小农国家。以我国来说，在耕地方面，我国的小农生产地块狭小、分布零散等特征明显。根据2016年第三次农业普查数据，我国现有2.3亿户农户，户均经营面积仅约7.8亩，其中，经营面积在10亩以下的农户约有2.1亿户，占比超过90%。即便是在以人多地少著称的邻国日本，其户均经营面积也超过30亩。在土地零散分布方面，以我国的农业大省四川省为例，该省平均每户地块在10块以上，每个地块平均不足0.5亩，相互间隔较远[①]。新时代，我国正在努力推进农业的适度规模经营。但东亚多国的实践表明，推进农地规模经营从来都不是可以一蹴

---

① 可以说土地分散零碎是特定历史阶段的产物。改革开放初期，在分产到户时，考虑到农民婚丧嫁娶、生老病死基本只能依靠手中的土地，但土地有好有坏，为了公平起见，不少地方一是采取"抓阄"形式分配土地；二是尽可能将土地打散，保证好坏搭配。近年来，国家正在推进高标准农田建设，可以说这是解决土地分散零碎问题的一项基础工程。

而就的①。到 2017 年，我国实现经营权流转的土地面积仅约三成，地块狭小分散的整体格局并没有得到大幅改观。在小农生产长期存在、生产性服务业和各类新型农业经营主体发展成熟尚需时日的背景下，中日两国均应阶段性地侧重发展"小"和"精"的智能技术，进一步提高设备的机动性和灵活性，以增强服务和强化小农生产的能力。

（二）中日两国智慧农业发展的差异

相比于日本智慧农业的发展，我国的智慧农业起步更晚，软件、硬件和人力等支撑条件更为弱化。这一发展现实决定了我国应更加结合自身现状，选择更为适合我国国情和农情的智慧农业发展路径并制定切实可行的政策措施。

1. 我国智慧农业的制度建设和软硬件设施更需完善

由于起步较晚，我国智慧农业方面的制度建设尚不完善。单就智慧农业相关的研发推广政策来说，我国尚没有专门指导和规范智慧农业发展的相关政策，加之业已存在的农业科研体系尚不健全、科技成果转化能力欠缺等因素影响，这造成我国已有的农业科技成果向智慧农业进行生产力转化还存在一定困难。此外，我国智慧农业发展的各类基础设施也有待加强。硬件基础设施方面，我国当前的大部分田间道路损毁严重，存在狭窄、坑洼不平、泥泞不堪甚至无法通车的情况，这为智能设备的运行带来现实困难。软件基础设施方面，农业信息化是智慧农业发展的重要前提，但由于我国长期存在的城乡二元结构，城乡存在较大的数字

---

① 以邻国日本为例，从 1961 年颁布《农业基本法》开启农地集中的努力至今，经过半个多世纪的努力，日本通过权利转移，实现了狭义概念上集中的农地面积也不过 10 万公顷，只占全部耕地面积的约 3%。即便是将所有"农业经营体"经营的农地考虑在内，即包含集落营农、携地入股、权利转移在内的广义上的农地集中，到 2015 年，实现规模化经营的农地占比也仅为 50.7%。与 2010 年相比，5 年时间内，仅增长了约 1.6 个百分点。这与其制定的到 2023 年左右实现 80% 的农地集中目标，还有近 30% 的差距（速水佑次郎等，2013；马红坤等，2019a；马红坤等，2019b）。

鸿沟，农村信息孤岛现象依然存在，农业信息化这一智慧农业发展的前置条件尚不完善。

2. 我国智慧农业的技术体系建设和科技人才培养短板更为明显

严格意义上来说，我国当前的智慧农业还处于产业的探索和起步阶段，现有的技术及其应用只是在农业产业链和价值链的某些环节上部分或者片段性地应用智慧农业相关技术，并未在智慧农业领域的关键核心技术上进行大范围应用。以农用航空这一智慧农业领域标志性的技术手段为例，到2016年，我国农用航空的作业水平仅约3%，相比之下，美国和日本等智慧农业发达国家均超过50%，世界平均水平约为17%。[①] 伴随着技术发育的滞后，我国智慧农业相关的人才培养和储备样具有较大提升空间。具体来说，智慧农业的发展以大量工业2.0先进技术为支撑，与此相配套，需要有大量熟练掌握传统农业生产技术、计算机技术和农业经营管理的复合型人才。目前，对于这些人才的培养，主要有本地培养和吸引外部人才两种方式。虽然近年来我国一直出台各类优惠政策，以期鼓励大学生与在外务工农民积极返乡创业，但由于农村经济、医疗、教育等方面与城镇差距较大，几乎无法吸引到符合智慧农业发展需求的人才。与此同时，相关复合人才的本地培养本身即是一个系统工程，加之培养条件和就学意愿等因素影响，总体人才培养状况尚不理想。

3. 我国农户资金实力弱、文化层次低，尚不能支撑智慧农业的加快发展

"大国小农"描述了我国农业生产的基本特征。"小农"二字不仅体现在地块狭小，还体现在中国的农业生产主体以势单力薄的小农户为主。第

---

① 数据出自《中国科学报》(2016年8月3日，第5版)，网址：http://news.sciencenet.cn/sbhtmlnews/2016/8/314717.shtm。

三次农业普查数据显示,我国的农业经营主体中,98%以上为小农户,小农户从业人员占农业从业人员总数的90%,这一群体的经营面积占所有耕地的70%。2019年,农村居民年人均可支配收入的中位数约为1.4万元,贫困地区仅约1.1万元,[①]农民整体资金实力依然是薄弱的。与此同时,到2019年,在我国农民人均可支配收入的构成中,农业经营收入仅占37.4%。这一数据意味着,对于农户来说,农业经营性收入占比仅约三成,在此情况下,势必降低其将家庭大部分收入用于农业生产的意愿。此外,到2017年底,我国90%以上的农业从业人员受教育水平为初中及以下,相比之下,1975年日本整体高中入学率即超过90%,1992年之后,整体高中入学率维持在95%以上。中日两国初中和高中入学率的显著差别,进一步凸显了中国农民科学文化素养的提高空间,而这也加大了中国在农民群体中推广应用智慧农业相关技术的难度。

四、日本发展智慧农业对中国的启示

(一) 我国智慧农业的发展路径

综合考虑日本发展智慧农业的路径选择及政策措施和中日两国在智慧农业发展方面的异同比较,本章提出以下立足中国实际的智慧农业发展路径。

1. 规划引领:利用后发优势,超前布局智慧农业发展

当前,我国的农业生产面临"未强先老"的尴尬局面。一方面,我国的农业生产因为人多地少、地块零碎狭小等造成劳动生产率较低,这也是

[①] 本段落中农民收入及收入构成相关数据出自国家统计局:http://www.stats.gov.cn/tjsj/zxfb/202001/t20200117_1723396.html;2017年中国农民学历数据出自《2018年中国统计年鉴》。

导致农业竞争力弱化的主要原因；另一方面，我国的农业劳动人口持续流失，年龄结构不断老化，这成为农业竞争力进一步弱化的重要潜在因素。未来，随着我国工业化、城镇化持续推进和对外开放进一步加大，农业部门势必将面临更大的国内产业竞争和国际同业冲击。为了增强农业竞争力以应对上述内外冲击进而实现产业自立，我国必须尽快为农业生产寻找节省人力资源、提高生产效率的新发展路径。而多国实践已经证明智慧农业能有效应对上述困境。基于此，发展智慧农业完全可作为增强我国农业竞争力，实现农业弯道超车的战略选择。我国智慧农业发展尚处于起步阶段，然而我国掌握大批智慧农业相关的智能技术，加之对国际经验教训的借鉴总结，我国的智慧农业拥有较大后发优势。我国应放眼全球智慧农业的发展现状，立足自身实际，在智慧农业的起步阶段，从宏观战略和微观政策两个层面积极进行超前布局。

2. 创新驱动：立足小农现状，着力"小"和"精"智能技术的研发

创新是产业发展的第一驱动力，而科技创新决不能脱离生产实际。日本作为一个典型的东亚小农国家，人多地少、农业生产者以逐渐老龄化的小农为主是其农业生产面临的最大农情。面对这一最大农业生产实际，日本的智慧农业发展的"精""细"和"服务小农"等特征明显。相比于日本，我国的小农生产特征更加明显，因此，我国在谋划智慧农业的发展规划、制定发展路径时，一定要紧扣我国的小农生产实际。一是我国的智慧农业的相关技术要力求"精"。鉴于相当长一段时间内，我国人多地少、地块狭小、零散分布的农业生产格局将继续维持，因此我国在开发和设计智慧农业相关设备设施时，一定要兼顾智能化与小型化，使之能够在较小地块上正常工作。二是我国的智慧农业相关技术的发展应力求"精"。我国的农业生产细分领域众多，因此智慧农业的发展应在力求某一项或者几项技术实现突破的同时，更加注重统筹推进，力争尽可能多地覆盖农业生产的细分领域。

3. 政府引导：强化政府对智慧农业发展的指引和保障

根据技术的生命周期理论，处于萌芽期的技术离不开政府不同程度的培育。对于日本，智慧农业的发展已取得初步成效，部分技术已大面积推广甚至普及。纵观日本智慧农业的发展历程，可以看出，关于政府和市场在产业发展中的角色定位基本可以分为两个阶段：在产业发展前期，由于产业自身的发展尚不成熟，产业发展所需的软环境也尚未优化，在这一阶段，日本政府可谓不遗余力地强化其主导作用，从完善政策法规、制订产业发展规划、强化政策扶持力度等多个角度给予智慧农业发展应有的支持。在产业发展开始步入正轨、基础设施初步搭建之后，日本开始逐步淡化政府色彩，取而代之，充分发挥市场在产业发展过程中的关键作用。就我国的智慧农业来说，其尚处于产业发展的起步阶段，部分技术甚至依然处在实验室阶段。因此，我国的政府部门不能在该阶段出现职能缺失，而是应该主动作为，在智慧农业相关的制度供给、相关硬件基础设施完善、财政投入和各类奖补支持以及人才培育等方面发挥强力有的主导作用。

4. 市场导向：强化市场配置资源的决定性作用

近年来，随着智慧农业的发展逐步迈入正轨并趋于成熟，日本正通过定向减税降费、给予转向补贴和无息贷款等多种手段，积极引导各类市场主体进入智慧农业领域，以增强市场活力，促进公平竞争。我国的智慧农业虽处于起步阶段，但是经过培育，必将获得进一步发展最终趋向成熟。在此过程中，政府应坚持"有所为，有所不为"，正确处理政府与市场、政府与企业的关系，进一步发挥市场在配置创新资源方面的决定性作用。与此同时，智慧农业的自身特点也决定了当其步入新的发展阶段后，应由市场而非政府决定资源的配置。具体来说，智慧农业涉及大量的信息通信、大数据和人工智能等工业 2.0 技术，是一种对创新要求极高的农业生产方式，只有通过强化公平竞争以促进更多的市场主体进入并激发其创新创业的积极性，才能实现创新水平的全面提高。

5. 融合发展：智能技术和农业转型升级"协同进化"

强调智慧农业应立足"大国小农"生产实际，强化对小农生产的服务能力绝不意味着停止对小农经济的整合与提高。事实上，智能技术应和农业转型升级相互促进，融合发展。这主要体现在三个方面。首先，智慧农业应与当前的小农生产方式实现融合发展。在强调智慧农业发展应立足当前小农生产实际的同时，更应毫不迟疑地强化对小农经济的整合，使之与包括智慧农业生产方式在内的现代农业实现有机衔接。其次，智慧农业生产理念应与农业生产性服务业实现融合发展。通过同生产性服务业的主动融合，可有效克服我国小农户资金不足、文化层次较低等制约智慧农业发展的短板；同时，借力智能技术和设备，进一步增强生产性服务业提升、强化小农生产的能力。最后，智慧农业的生产理念应与各类新型农业经营主体融合发展。随着我国农地流转的推进和各类新型农业生产经营主体的培育，我国的智慧农业发展也应适时向服务规模农业的方向转型，这有利于农业加快转型升级，也将为智慧农业自身发展提供更为宽广的平台。

（二）我国智慧农业发展的政策建议

就智慧农业这一新生事物来说，其在我国启动、发展以至大范围推广离不开政府、企业、农户等众多主体的共同参与。为此，沿着前文设计的发展路径，提出如下政策建议。

1. 尽快出台《国家智慧农业发展规划》，明晰发展方向和路径

应由国家相关部门尽快启动《智慧农业发展规划》的编制工作。在发展规划中，从宏观层面进一步明晰我国智慧农业发展的战略导向和发展路径。与此同时，从中观层面就与传统农业有机融合、与工业领域的产业协同、自身技术创新、产业发展的新模式和新生态、政策支持与保障、当前阶段优先发展的重点领域和关键技术以及未来同农业转型升级互相推动等若干具体问题进行制度设计。

2. 加大智慧农业科技创新的定向支持力度，系统推进技术升级

技术是产业发展的支撑，对于智慧农业这样一种将信息技术、大数据、无人机等先进工业技术与农业部门有机融合的新型农业生产方式来说，技术的支撑作用更为关键。为此，国家可考虑设置"十四五"重点研发计划智慧农业专项，以该专项为载体，凝聚各类创新资源，既立足当前小农生产实际，又适度超前地开发同规模化农业相适应的智能技术，系统提升我国智慧农业核心技术的创新水平，夯实技术储备，从而为智慧农业的发展打下坚实基础。

3. 统筹推进人才培养和技术示范，夯实智慧农业发展的智力基础

政府部门主动作为，培养大量爱农业、懂技术、会应用的专门人才是智慧农业长远发展的关键。就从事技术研发、示范的专业人员和熟练应用智能技术的农户这两类智慧农业专门人才来说，涉农高校和相关职业学校可设置智慧农业相关专业和课程，进一步提升专业人才培养层次；同时，依托现有的职业农民培养培训体系，更加强调智慧农业相关技术和理念的传授。鉴于智能技术的专业性较强，因此，加强技术推广示范是人才培养的重要一环。为此，可通过建设智慧农业示范区、加强智慧农业经营主体和农艺部门合作等措施，提高技术示范成效。

4. 培育智慧农业类市场主体，进一步激发市场活力

在产业发展过程中，应坚定地发挥市场配置资源的决定性作用。对于智慧农业的发展，完善的市场机制、众多的市场主体是产业获得持久稳定发展的重要保障。为此，一是要加快建章立制，就信息安全等事关智慧农业发展的敏感问题出台专门规定，使市场主体有法可依，进而增强信心；二是要进一步提升农村宽带、田间道路等各类基础设施建设水平，为市场主体投资智慧农业提供便利；三是通过财政补贴、简化流程等综合手段，进一步提高市场主体进入智慧农业领域的积极性。

五、本章小结

我国正面临发展智慧农业的有利契机与现实需要。为了找寻和探究适合我国国情和农情的智慧农业发展路径并制定更有针对性的政策措施，本章选取同为小农国家、智慧农业发展初见成效的日本为典型案例，系统分析了其智慧农业的发展缘起、路径选择和政策措施，重点对中日两国智慧农业的功能定位、发展阶段和现实条件等进行了比较分析。研究发现在农业人口流失、竞争力弱化、农政改革初显成效的背景下，日本政府明确了智慧农业立足小农、服务小农的发展方向，通过强化政府主导、完善市场机制、加快农业结构改革和强化技术人才支撑等一系列措施，其智慧农业发展初显成效。中日两国智慧农业在发展目标、功能定位等方面存在共同点，但中国的智慧农业发展尚处于起步阶段，各项支撑条件尚需改善。基于日本的经验和中日两国智慧农业发展异同的比较分析，本章提出了立足当前又着眼未来的智慧农业发展路径和相应政策建议。

第七章　开启农协改革：重塑社会化服务职能

在小农生产格局下，面对小农生产在对接大市场、技术采纳、抵御风险等方面的弱质性，构建和完善社会化服务体系，是实现小农生产同现代农业发展有效衔接，进而全面提升农业发展质量的关键（芦千文、姜长云，2016；芦千文、姜长云，2019）。对于小农生产格局下的日本，长期以来，农协（Agriculture Cooperative，JA）是向农户提供诸多社会化服务的主导力量。长期以来，农协对日本"三农"领域的发展作出了历史性贡献，如其农业保险业务，截至目前仍堪称全世界最完善的农业保险体系，为日本农民降低了经营风险，进而实现了稳健经营作出了不容否定的贡献。然而近年来，由于盲目追求多元化经营和利润增长，农协长期背离农业本业，过于侧重保险信用业务的开拓，以及扩张其政治影响力，因而招致各界广泛批评。事实上，农协长期因其垄断地位对其会员收取较市价高的肥料和其他农资材料设备的做法已被农民诟病许久，日本各地方已逐渐出现脱离农协而自组法人农民组织的风潮，如近年来兴起的加盟型农业组合。另外，日本在面临签署区域贸易协定如跨太平洋伙伴关系协定（Trans‐Pacific Partnership Agreement，TPP）和区域全面经济伙伴关系协定（Regional Comprehensive Economic Partnership，RCEP）之下，必须开放长期进行保护的稻米、牛肉等敏感性"圣域"农产品①，但农协却利用其政治影响力，试图阻止日本加入以 TPP 为代表的区域经贸组织（刘松涛、王林萍，2018）。为了从长远提高农协向小农户提供社会化服务的能力，也为着眼眼前，破解农协对日本加入 TPP 的阻碍，第二次执政的安倍政府对全面改革日本农协进行了多年酝酿。

2014 年 6 月，内阁府设置的规制改革会议提出了"关于农业改革的意见"。以此为契机，酝酿许久的农协改革呼之欲出。2015 年 2 月，就《农协法》的修改内容，作为当事者的农协系统和政府、执政党之间大致达成了一致。同年 4 月，"农业协同组合法等部分改正法律案"在国会提出，8 月法案获得通过。2015 年 9 月，新版《农协法》公布，并确定于 2016 年 4 月 1 日正式实施。由此，日本对农协进行的改革正式启动。基于新版《农协法》的规定，日本将在 3~5 年内全面削减农协长期享有的特权和其半官方的地位，JA 全中（全国农业协同组合中央会，即全国农协董事会）将成为一般的社团法人；JA 全农（全国农业协同组合连合会，即经济事业组合）也即将转为公司制法人。JA 全中不仅将丧失近 70 年来对日本地方农协的指导和监督权，其不受反托拉斯法约束的市场垄断地位也将瓦解。

一、日本农协存在的问题

（一）背离服务小农户的初衷

"二战"结束之前的日本农业生产实行"佃耕体制"。在这一体制下，少数地主占有绝大多数土地，广大佃农则向地主租赁耕地，并向地主缴纳货币或实物地租。日本战败后，在驻日盟军总司令（GHQ）的主导下，日

---

① 一直以来，日本政府将大米、小麦、牛肉和猪肉、乳制品、糖这 5 种重要农产品视为"圣域"。在进行贸易谈判时，日本经常要求维持上述农产品关税，导致与其他谈判方，尤其是与美国的摩擦愈演愈烈。

本实行农地改革，总体实现了以"耕者有其田"的小农生产体制代替了封建时代的产物"佃耕体制"。为了应对广大小农户生产能力低下、散乱缺乏组织的局面，从而有效解决粮食危机和恢复经济发展，1947年，日本国会通过《农业协同组合法》。依据这一法律，在继承战时农业会的绝大部分职能和财产的基础上，日本各地按行政区域成立了农业协同组合。基于此，农业协同在本质上应该是扎根地方、以粮食生产和农业发展为基本目标的农民合作组织，其基本目标是强化农业生产、增加农业生产者所得和活化农村地区。事实上，在成立之初的日本农协，也正是以此为宗旨，获得了基层农民大力支持，进而形成了庞大的三层农协网络。到改革之初的2015年，日本共计拥有基层综合农协657个，各类专业农协416个（见表7-1）；正式会员443万人，准会员594万人[1]。在组织层面，也已形成了较为完善的"中央—都道府县—市町村"三级组织架构。

表7-1　　　　　　　　2015年日本农协和会员数量　　　　　　　单位：万人

类别	组织数量（个）	正式会员			准会员		
		个人	团体	合计	个人	团体	合计
综合农协	657	428.4	2.1	430.5	612.9	7.8	620.7
专业农协	416	8.1	0.1	8.2	2.8	0.1	2.9

资料来源：2015年《农业协同组合统计表》。

但是在后续发展过程中，日本农协长期追求业务多元化，进而导致其服务农民的初衷开始淡化，其直接表现是关乎农业生产经营的指导事业和经济事业等规模逐步萎缩，信用事业和共济事业等金融保险业务却扩张迅速。截至2014年年末，从事信用事业和共济事业的职员人数分别占比27.1%和18.8%，从事指导事业的职员人数为仅为6.8%[2]。在大量员工的支撑下，截至2015年年末，农协信用事业存款余额达到95万亿日元，在全日本存款类金融机构中排名第五位；共济事业的资产总额超过56万亿日

---

[1] 资料来源：2015年《农业协同组合统计表》。
[2] 资料来源：2014年《农业协同组合统计表》。

元,仅次于日本生命保险公司。① 虽然信用事业和共济事业是农协的基本业务板块,随着经济社会的发展,这些板块实现规模增大本无可非议,但是作为一个定位为强化粮食生产和农业发展的农民合作组织,生产指导、吸纳存款和经营保险业务的比例严重畸形难免引起非议。事实上,日本农协信用事业和共济事业板块畸大,并非真正因为农业生产规模扩大、农民富裕。其原因在很大程度上是由于农协会员构成的非正常分化。具体来说,在改革之前的日本农协,其会员分为正式会员和准会员。相比于正式会员,准会员的权利差别仅在于无法享有农协提供的农业生产指导和农业经营服务以及对农协事务不具投票表决权,但却可以充分享受农协提供的信用、保险和康养服务(张建,2015;阮蔚,2006)。随着农协对会员数量的盲目追求,大量并非真正从事农业生产的农村居民为了享受农协提供的福利,申请加入农协。截至2015年年末,日本农协拥有593.7万名准会员,443.3万名正式会员,这种准会员数量迅速增加且正式会员数量不断下降的趋势所造成的反向推动力在一定程度上导致了农协发展日益畸形,越发偏离主业(见图7-1)。

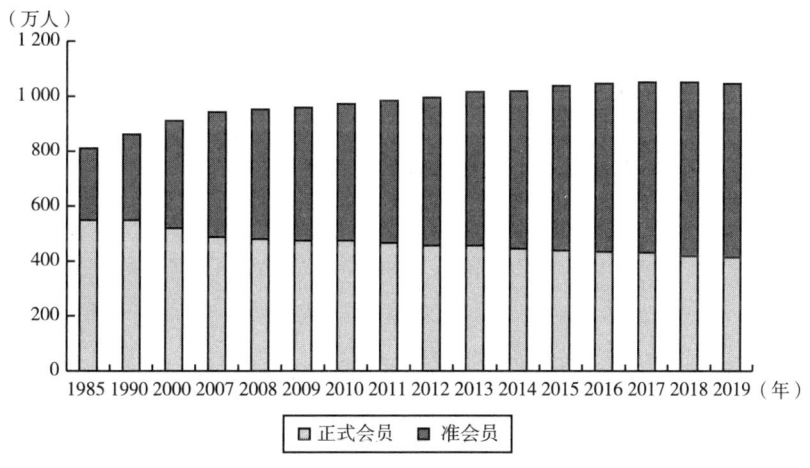

图7-1 日本农协会员数量演变

资料来源:历年《农业协同组合统计表》。

---

① 资料来源:2017年《农业协同组合统计表》

(二) 成为农业改革的阻力

改革之前的日本农协，经过长达65年的经营，已经同各类农民乃至政治势力建立了盘根错节的利益关系，形成了一股阻碍日本农业改革的重要力量。一直以来，农协裹挟广大农民，以捍卫农民利益为由，反对日本削减农产品价格支持。而维持大米等农产品的较高价格，能使农协获得更高的农产品代销收入；也使其高价销售农资的行为，不至于摊薄农民利润，进而在农民的默许和纵容下，获得更高的农资销售利润。对于历届政府破除兼业滞留、加快农地集中的努力，农协同兼业农户形成的特殊利益关系同样对改革形成阻碍。对于农协来说，相比于占比较低的专业农户，维持庞大的兼业农户[①]群体为会员，对农协保持政治影响力和获得保险等按人头计算的业务收入至关重要[②]。事实上，兼业农户由于农业生产经营高度倚赖农协，在农资价格、代销费比例方面容忍度更高，是更为"优质"的农协会员。而对于滞留农业的各类兼业农户，由于能在包括生产、销售环节在内的整个农业经营链条获得农协全方位服务，因此退出农业的必要性大打折扣；同时，保留农协会员资格，还能使其在购买保险、存贷款利息等方面享受优惠。兼业农户在农协的庇护下，长期滞留农业，是造成日本长达半个世纪推进农地集中的努力收效不大的重要原因[③]。

上述利益同盟难以打破的关键原因，是农协基于其强大的政治影响力，同长期执政的自民党和农林水产省（简称"农水省"）构建了素有"铁三角"之称的政商联盟（温铁军等，2016；侯宏伟、温铁军，2019），具体如图7-2所示。作为日本最大的农民组织，农协能够直接或间接影响众议

---

① 到2021年2月，日本纯农户和一兼农户合计占比仅约22.4%，相比于经济起飞初期的1960年，下降了45.5%，而包括仅将农业作为业余副业的农户在内的二兼农户占比则超过了77.5%。
② 兼业农户的存在有利于日本农协保险业务的开展。总合农协的会员数和其保险业务的利益呈高度相关，相关系数达0.795，意味着随着总会员数的增加，总合农协的保险部门就能获取更多的盈余。
③ 详见第二章内容。

第七章 开启农协改革：重塑社会化服务职能

院高达30%的席位归属[①]，是自民党赖以长期执政的重要票仓。而农协具备足以左右农政改革走向的强大政治影响力的基础，在于其通过纵向"金字塔"式的组织结构（见图7-3），而形成的能够迅速动员全国会员的强大政治动员能力。简单来说，改革之前的日本农协，上一级组织能够对下

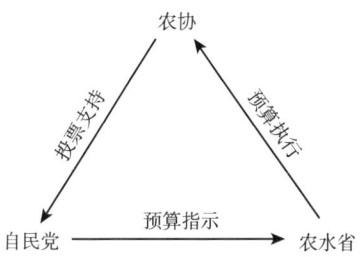

图7-2 农协—自民党—农林水产省农政"铁三角"

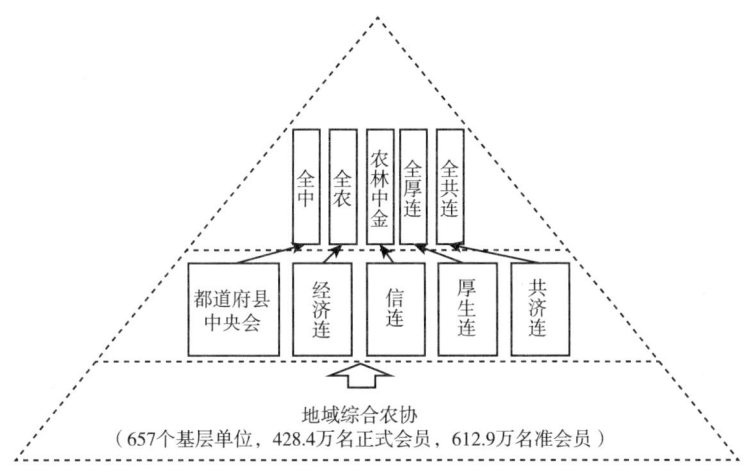

图7-3 日本农协的金字塔结构

---

① 在2014年众议院选举中，JA全中的政治团体对于自民党候选人，以推荐作为交换条件，要求其支持自身所整理的农协改革方案。结果，190人受到推荐支持，其中185人当选。自民党众议员的六成以上，受到农协支援。担当农协改革的西川农相是现职阁僚中唯一在小选区落选的，原因之一就是与反对改革的农业票背离。此外，由于日本国会议员的当选票数上大都市圈远远超过农村选区，如众议院的最大差距为2.52倍，参议院则高达5.124倍。这种选区分布明显偏重农业选区的特征直接导致了该选区出身的议员人数众多，远远超过农业人口占日本总人口的比例。

一级组织进行"指导"和"监督",基于这一"金字塔"式组织形式,农协领导人能够高效整合全国资源,从而基于其个人意志发挥巨大的政治能量。也就是说,日本农协这一自上而下的组织形式,是其发挥政治影响力,形成和巩固各类利益联盟的"牛鼻子"。正因为此,其成为本轮改革的焦点。

(三) 阻挠 TPP 谈判推进

20世纪90年代以来,日本经济增速不断放缓。在此基础上,2008年金融危机更使日本的经济规模整体缩水5.4%。为了推动本国经济尽快实现复苏,启动各类自贸谈判,为本国富有竞争力的二三产业进一步开拓国际市场,成为日本政府的自然之选。在此背景下,自2009年11月美国正式提出跨太平洋伙伴关系协议(TPP)之后,无论从响应美国的地缘政治战略以强化日美同盟的角度出发,还是基于TPP协议进一步拓展贸易空间考虑,彼时执政的民主党政府以及后续实现二次执政的自民党安倍政府,都将启动TPP谈判列为政府的重要议事日程。然而,日本政府推动加入TPP谈判的努力,却在农业领域遭到强烈抵制。一直以来,日本对本国农业提供高强度边境保护。为了保护"圣域"之一的大米免受国际冲击,日本甚至将进口关税设定为778%。事实上,在其强烈要求下,到2012年,在日本已经缔结的12个双边或多边经济伙伴协议(Economic Partnership Agreement,EPA)中,削减农业保护均被排除在协议条款之外。对于日本农民来说,在此种高度保护下开展农业经营,在很大程度上已经成为"习惯";而对于日本农业来说,经过长期高度保护,日渐弱化的竞争力已经不足以支撑其抵御猛烈的国际冲击。基于此,面对将取消农业关税设为原则条件的TPP谈判,在2010年日本前首相菅直人正式提出启动谈判的构想之后,虽然得到了国内以汽车、家电产业为代表的工商业团体的鼎力支持,但却遭到了以农协为代表的农业团体的强烈反对,他们认为加入TPP后必将对农业产业和农民利益造成巨大损害。伴随日本加快推进加入TPP谈判进程，农协的反TPP抗争也愈演愈烈，意在阻挠、拖延日本加入TPP的步伐或影响政府在TPP谈判中的策略选择。在日本参与TPP谈判期间，农协发挥自身社会影响力，多次举办大型社会集会，表达反对意见①；同时向社会发布《TPP对农业影响报告》，指出加入TPP后日本农产品自给率将下滑至15%且会造成每年农业产值减少20%~25%的损失，国家农业产业安全将面临严峻挑战，要求国民予以重视②。在农协强烈抗议的背景下，日本TPP谈判举步维艰③，农产品进口限额问题始终困扰着日本同他国的谈判进程；尤其是在大米进口方面，日本同各参与国之间分歧严重，难以在短时间内达成共识。基于此，日本政府强硬回应，将农协改革作为突破口，于2014年5月宣布将全面改组农协，并在2015年8月28日参议院全体会议上凭借自民党和公明党两党等多数赞成票表决通过了新《农协法》，迈出农协全面改革的关键一步，意图在于降低农协的社会影响力，减少同他国进行TPP谈判时面临的来自农协的阻碍和压力（内田龍之介，2018）。

二、农协改革的推进思路

针对农协存在的弊端，2015年，日本修订和颁布新《农协法》，试图

---

① 例如，2013年3月15日，安倍首相召开记者会，表示已"决定参加TPP谈判"。随后，JA全农中央执行委员会会长齋藤裕即召开记者会，表示将"怀着强烈的怨恨抗议"。其抗议声明概要如下：（1）3月15日，安倍首相宣布参加TPP谈判，背叛了他对公众的承诺。加入TPP，为了大型跨国公司的利益而牺牲人民的生命、就业和社会，是绝对不能接受的。对此，JA强烈抗议并要求撤离。（2）安倍首相关于参加TPP谈判的声明是不可接受的，不仅因为他违背了承诺，还因为他没有透露具体谈判信息，甚至没有进行公开辩论。（3）JA全农决心与众多同仁一起推动日本退出TPP谈判，以保护人民和合作社的粮食、农业、林业和渔业。具体见https：//www.jacom.or.jp/nousei/news/2013/03/130318-20168.ph。

② 由清水澈朗执笔，发表在《农林金融》2016年第1期，具体见https://www.nochuri.co.jp/report/pdf/n1601re4.pdf。

③ 例如，关于是否进行TPP谈判，日本右翼经常用"卖国"来骂野田佳彦等日本政客。日本《朝日新闻》2011年11月15日报道称，日本已经陷入与明治维新前"开国还是攘夷"类似的争论之中。在反对派强力反对下，时任日本首相野田佳彦（隶属于民主党）15日向反对派做出"屈服"，声称如果日本的国家利益受到损害，那么"百分之百不会参加TPP"。

对日本农协进行全方位改革。总体来看,本次改革从去集权化、专业化和市场化三个维度推进。

(一) 去集权化

农协能够在日本农业政策制定、重大改革调整中发挥重要影响力的根本依靠,是其基于金字塔式的紧密结构实现了对日本广大农村居民的裹挟(温铁军等,2016)。而农协能够自上而下式地控制、裹挟基层农协的关键,是改革之前的《农协法》赋予了农协中央会对基层农协在财务、业务、监察、指导等诸多方面的权限。可以说,试图削弱日本农协的政治影响力的关键,在于降低农协中央会的集权能力。

农协中央会制度于1954年引入,其初衷是借助农协全中和都道府县中央会的行政指导和组织协调,增强基层农协实现内生发展的能力;为了便于加强对数以万计的基层农协的管理,《农协法》赋予全中对基层农协的行政监察权。全中正是利用上述职能和权限实现了对基层农协的控制和捆绑。为此,本次改革中,农协中央会层面的改革主要围绕全中和都道府县中央会展开,核心目标是松绑全中和都道府县中央会对基层农协的管制。为此,修订后《农协法》明确规定,全中所拥有的指导权、监察权和监察费收取权将在2018年前被彻底废除。为了进一步降低全中的特权,日本将在2018年前,将全中的组织性质由特殊民间法人转变为一般社团法人。在都道府县中央会层面,《农协法》要求其在5~10年内转型为地方自愿团体,弱化其上传下达、沟通中央和地方农协关系的角色,转而将其角色定位为开展农业生产经营洽谈、监察审计和意见反馈,以此强化其服务职能。在基层农协层面,最大的变革是充分赋予其自主权。具体来说,地域农协有权基于自身实际,自主决定是否同全农和经济连等联合会建立合作关系。同时,进一步强化农民的参与自主权,基层农协不得违背会员意愿,强制会员使用农协资源。

（二）专业化

农协的基本定位是扎根地方、以粮食生产和农业发展为基本目标的农民合作组织。多年来，日本农协盲目追求多元化发展，伴随着日本资产泡沫的膨胀，信用事业和共济事业板块畸大，直接冲淡了农协服务农民、助力农业发展的初衷。在2015年的农协改革中，日本并未简单地将农协的非农业务取缔，而是以将该板块业务剥离的思路，为信用和共济事业板块创造更大的发展空间，同时也增强农协服务广大农户的专业性。

具体来看，《农协法》进一步明确了由农林中金、JA信联、JA共济连共同承接基层农协的金融业务，基层农协不再涉足上述业务。这一举措在减轻基层农协负担的同时，也能推动实现其推业务运营的专一化。为了确保农业生产能继续获得稳定的金融支持，《农协法》要求，农林中金、JA信联、JA共济连的贷款投向应侧重于农业生产和农产品加工。在改革之前，农协厚生连在开展业务时，要受到旧版《农协法》关于外部活动和业务范围的诸多限制，这使其在为农民提供健康服务时受到诸多束缚。改革后的《农协法》规定，农协厚生连的组织性质将彻底转变为医疗法人，成为公立医疗机构。同时，为了使厚生连为地域居民提供医疗服务的能力不受影响，改革并未取消其享受的税收减免等政策。由于地域农协和农业生产直接关联，因此《农协法》对其改革力度较大。在业务层面，要求基层农协将信用事业让渡给农林中金和信连，地域农协转型成为农林中金和信连的代理机构，仅收取代理服务费。同时，基层农协的部分组织功能被剥离，并转型为股份制公司。为了增强基层农协的服务能力，改革要求基层农协应设定统购统销阶段性目标，结合实际将其逐步扩大；同时，鼓励农协在承担一定风险的前提下开辟农产品新销路，对此，全农等农协联合会应给予基层农协业务支持，帮助其拓宽销售渠道，建立稳定的农产品销售关系网络。在农协的管理层面，改革明确要求，基层农协理事会的构成必须遵循"专业过半"原则，即理事会的半数以上成员必须是经过审核认定的农业者或地域内农业生产经验丰富的一线从业者。

(三) 市场化

作为东亚地区自由市场和民主政治典范的日本，城市和农村地区依然存在不同程度事实上的垄断。相比于三菱、富士、住友、三井、劝银和三和等六大综合性财阀垄断日本城市经济，农协是日本农村地区唯一的垄断主体，其对日本的农村经济进行全面垄断。长期以来，由于上述城市和农村垄断行为同日本的国家稳定直接相关，因此，虽然存在各种弊端，但上述垄断性行为得以保留至今。在农村地区，基于自身垄断利益，日本农民无论出于自愿，抑或是被迫，都必须无条件接受农协对农资、服务、指导等环节的全面定价权。为了削弱农协对农村经济的垄断，推进农协的全面市场化成为2015年改革的重要议题。

市场化改革方面，农协中央层面的改革主要集中在全农系统。在改革之前，全农和经济连的组织属性为《农协法》管理下的协会。受该法关于外部活动和业务范围等规定管辖，全农和经济连的部分经营活动受到较大限制。为了进一步增强全农的市场化程度，新版《农协法》要求全农由协会性质转型成为股份制公司。借由公司化转型，帮助全农摆脱《农协法》的约束，在拓宽业务范围的同时，实现经营效率的提升。与此同时，《农协法》强调全农要加强同经济界的合作，以广泛利用外部资金，弥补日本农协发展面临的资金不足的难题。对于基层农协，《农协法》明确其可以通过合适的经营活动获得经济收益，但同时要求其应注意通过合理的方式向会员返还经营红利。针对基层农协农资采购价格过高的问题，《农协法》强调通过与大客户建立稳定的合作关系和开辟新销售渠道，以此来为基层提供具有竞争力的农产品销售价格，同时要求引入竞争机制来优化农资采购，以提供具有竞争力的采购价。

三、对农协改革的反思

对于本次日本农协的改革，日本国内有赞成和反对两种声音。对农协改革持正面意见的经济学家以本间正义（本間正義、神門善久，2004；本間正義，2016；本間正義，2017）和饭田康道（飯田康道，2015；飯田康道，2016）等为代表；完全反对或部分反对农协改革的意见则以石田信隆（石田信隆，2011）、石田正昭（石田正昭，2012）等为代表。支持农协改革方认为农协改革激活了农协发展活力，增强了服务日本小型农户的能力，也削弱了其抵制各类农业改革，尤其是反对日本加入 TPP 的组织能力。对于这类意见，无须赘言。对于农协改革的反对意见，主要有以下三类。

第一类是认为包括农协改革在内的安倍晋三农业改革的目标不明确，导致改革缺乏清晰思路。具体来说，安倍政权三支箭中第三支成长战略中"提升农业所得"的政策目标不明确。在农协改革问题上，通过农协改革提升全体会员还是提升真正从事农业生产的农民的经营所得，其目标并不明确。

第二类意见主要质疑农协市场化改革的方向是否正确。众所周知，农业具有弱质性，需要给予政策性支持，但是股份制改造后的日本农协，会不会出现过度追求利润，而忽视对弱质性的农业、农民，尤其是各类"中山间地区"农业、农民的扶持，存在较大不确定性。而为了尽可能杜绝这类问题出现，则需要更多配套政策。

第三类是组织属性被削弱后的日本农协，会不会影响其职能的发挥。具体来看，农协基于其强大的组织能力，以积沙成塔的方式为农民权益代言，这也一直是日本政府高度重视农民意见的原因之一。在农协的组织能力受到极大削弱后，日本农民的发声渠道是否会产生堵塞，存在变数。另外，长期以来，日本大量基层农协高度依赖都道府县乃至农协中央的监督和业务指导，部分町村农协因成员数量较少等原因，实现内生发展的能力有限，而取缔这类农协，则势必对当地农业和农民产生影响。因此，改革后的日本农协，在缺失农协中央会指导和监察的情况下，如何实现组织有序运转、自主发挥职能，继续在地方农业生产和农村生活中发挥积极作用值得深思。

四、本章小结

增强为小农户提供社会化服务的能力，虽不是2015年安倍晋三政府进行日本农协改革的直接原因，也是主要诱因之一。事实上，按照政策设计，强化农协的社会化服务能力，也将是改革的潜在成效之一。本章从三个层面对2015年开始的日本农协改革进行系统阐述。第一个层面是改革的背景。总体来看，改革前的日本农协虽然为日本农业农村发展作出了重要贡献，但也面临官僚主义日益严重、业务偏离初衷等问题，而裹挟民众影响日本农政改革，尤其是反对日本急于参与的TPP谈判成为安倍晋三政府进行农协改革的直接诱因。第二个层面是改革的推进思路。针对农协出现的问题，2015年开始的农协改革，主要沿着去集权化、专业化和市场化三个方向推进。第三个层面是对日本农协改革的反思。鉴于日本农协改革尚未完全结束，部分改革措施的后续影响正在陆续释放，因此本部分仅从改革目标不够明确、影响基层农协正常运营、阻塞农民维权渠道三个方面进行讨论。

第八章 "防御"转向"进攻"：
强化农业整体竞争力

近年来，在 WTO、各类 FTA/EPA 谈判推动下，世界各主要国家均在尝试推动农业政策转型。热衷国际贸易、以贸易立国的日本，也不例外。一直以来，日本一方面利用关税、进口限制等手段防御海外的竞争，另一方面又通过补贴来弥补农业同其他部门在生产效率、人员收入等方面的差距。[①] 这些防御性的高度保护，逐渐造成了当前高成本、高价格和高补贴的农业发展现状。在国际和国内竞争加剧的当下，进攻永远是最好的防御，对本国农业最好的保护，是变防御性保护为进攻型支持，使农业具有赖以进攻的强大竞争力。在该理念指引下，围绕竞争力的提高，日本颁布或修订了多部涉及人、地、组织形式和生产关系的政策法规，形成了由《农林水产地区活力创造计划》和《食物·农业·农村基本法》为框架的竞争力导向的政策体系。这些政策对提高农业竞争力是当务之急的中国来说，具有很大的借鉴价值。本章聚焦近几年日本对农业由防御性保护到进攻型支

---

① 事实上，各种形式的农业保护并非某个或某类国家的专利。鉴于农业在国民经济中的基础地位和其自身所具有的特殊性，无论是发达国家还是发展中国家，都热衷于在生产和流通环节对农业进行政府干涉。对发达国家来说，农业部门的比较优势降低，为了保护农业，政府一方面利用关税、进口数量限制等手段防御来自海外的竞争；另一方面又通过各类补贴弥补农业同其他部门在生产效率、人员收入等方面的差距。这些政策大多是面对竞争的防御性保护，不仅不能从根本上促进本国农业发展，还造成了"资源投入过多—价格下跌、农业收入减少—高度保护—投入增加、阻碍劳动力转移"的恶性循环。

持的理念转变以及为增强进攻能力而构建的竞争力导向的政策体系。本章分为三个部分,首先深入分析了日本农业支持政策的理念从防御到进攻转变的缘起;其次梳理了在进攻型理念指引下,日本构建的旨在增强农业竞争力的政策体系;最后结合我国当前农业支持及竞争力弱化的现状,凝练出日本经验对我国构建竞争力导向的农业支持政策体系的启示。

一、日本构建新型农业政策体系的缘起

日本是典型的对农业进行高度保护的国家,主要体现在对外利用关税、进口限制等多种手段,帮助本国农业部门抵御海外竞争,对内则通过强化各类补贴,弥补农业同其他部门在生产效率、人员收入等方面的差距。然而农业部门并未在高度保护营造的"温室"中成长为具有竞争力的产业部门,相反,近年来,日本的农业发展面临生产要素持续减少、整体萎缩、供给能力持续下降等困境。在签署多个自贸协议、其他产业发展迅速的背景下,为了应对更加剧烈的国内外竞争,日本需要检讨一直实行的"防御型"农业保护政策,并对其做出适当调整。

(一)土地和人力两大生产要素持续减少

土地资源和人力资源是农业生产的两大基本要素。近年来,日本农业部门的人地数量减少,质量下降。经济腾飞之后,建设用地不断挤占耕地,日本耕地面积不断减少。1961年,日本的耕地面积为608.6万公顷,2011年已减少到456.1万公顷。20世纪50年代,日本制定《农地法》,严格限定农地买卖和流转,确立和巩固了"耕者有其田"的自耕农制度。受此影响,日本耕地面积细碎、户均耕地面积过少的问题明显。半个世纪以来,日本为促进耕地集中,作出持续努力,但进展缓慢,日本小农生产的格局并

未改变（叶兴庆、翁凝，2018）。2010年，全国户均耕地面积仅有1.96公顷，其中都府县地区为1.42公顷，即便在北海道地区，也仅有21.48公顷。

人力资源方面，由于持续向二三产业转移、从农意愿降低等，日本农业人口数量减少，年轻农民断崖式下降，整体结构恶化。1960—2010年，日本农户数量降幅超过70%，农业人口降幅超过80%，60岁以上人口占比跃升至2010年的74%，农业面临"接班人"危机（苏杭、李智星，2017）。同时，"二兼滞留"现象普遍化，专业农户和一类兼业户的比重从1960年的67.9%下降到2010年的26.8%，二类兼业户的比重从32.1%上升到73.3%（马红坤等，2019）。近年来，进入农业的新务农者主要是从非农产业退休或在农村有房有地的人，年龄偏大，这也进一步固化了兼业经营。

（二）农业部门萎缩，农产品供给能力下降

近二三十年以来，日本粮食自给率、农业产值和农业收入等指标逐年下降，农业生产持续萎缩。1955年经济起飞后，日本的粮食自给率持续降低。1980—2012年，日本的谷物自给率从33%下降到27%，其中主食用谷物自给率由69%下降到59%，热量自给率从53%下降到39%，各项指标在当时的发达国家中都是最低的（李勤昌、石雪，2014）。产值方面，在1985年达到11.63万亿日元的历史最高点后，农业GDP一直递减。2010年农业GDP下降为8.12万亿日元，到2014年，农业GDP较30年前下降了约30%，在农产品中占有重要地位的稻米产值也下降了约60%。与农业产值相似，农业部门的总收入也呈逐年下降趋势。2011财年，日本农业收入为3.2万亿日元，仅相当于1990年的一半。扣除各类补贴之后，农业纯收入也大体呈下降趋势，其中，2005—2012年，农业纯收入更是从3.2万亿日元逐年下降至2012年的2.95万亿日元（王应贵，2015）。[1]

---

[1] 资料来源：本部分数据，除特别说明，均来自日本农林水产省统计数据以及历年《食物·农业·农村白皮书》。

(三) 全球化的挑战和机遇并存，考验农业竞争力

近年来，日本正以极大热情推动各种多边或双边自由贸易区谈判，这些自贸协议大多含有降低农产品关税的条款，这将给缺乏竞争力的日本农业尤其是牛肉、猪肉和乳制品等行业带来冲击（苏杭、李智星，2017）[①]。鉴于农业产值只占GDP总量的1%，而自贸协议的达成将为其他更具竞争优势的产业开辟广阔的海外市场，牺牲农业部门的部分利益成为政府妥协的无奈之选。增强农业竞争力，使其在面临国际竞争时，能够实现自立，是最理想的选择。从市场规模的角度，日本农业的前途也在于走向国际市场。少子化、老龄化等背景下的人口萎缩导致日本国内的食物需求降低。据官方预测，2050年日本人口将比2016年下降19.7%，而老年人口则上升10.4%，达到37.7%。在此趋势下，2016年，日本的主要农产品消费量仅是2006年水平的95%，其中谷物、蔬菜、水果、鱼类分别降至2006年同期水平的94%、93%、85%和78%。相比之下，预计到2050年，全球人口将比2015年上升32.4%，食物需求将提高50%左右（马红坤、毛世平，2019a）。面对国内需求的萎缩和国际需求的持续扩大，不再局限于满足国内需求，而是通过增强竞争力，主动参与国际竞争，成为一个真正的自立产业，是农业获得长久生命力的根本出路。

---

① 以跨太平洋伙伴关系协定（TPP）为例，日本的研究人员对签署TPP给农业造成的负面影响进行了测算，结果显示，TPP协议将会使总体农产品产值同比减少26.1%，农业净收入减少13.9%。农业部门的"短板"，加深了日本政府及各类团体对自贸谈判的忧虑，成为日本自贸区战略进展迟滞的一个很重要的原因。在与澳大利亚等农产品净出口国的FTA/TPP谈判中，日本国内就一直担忧农产品贸易自由化的冲击。在2013年，正式参加TPP谈判以后，这种担忧越发加重了。来自东京大学、静冈大学、福井大学等高等学府的部分教授组成了反谈判团体，主张日本退出TPP协定谈判。农林水产省和农协也深表忧虑，前农林水产大臣鹿野道彦和山田正彦等人均是较有代表性的持谨慎态度的官员。

二、日本的进攻型农业政策新体系

面对农业竞争力弱化但国内外竞争加剧的现实,日本政府逐渐认识到增强农业自身竞争力,使农业像其他产业部门一样,具备"进攻"能力,是面对竞争最好的"防御"。在第二次执政仅一个月之后,安倍新内阁即设立了产业竞争力会议、进攻型农林水产业推进本部和农林水产业地区活力创造本部等旨在强化农业竞争力的机构(苏杭、李智星,2015;清水徹朗、乔禾,2016)。安倍晋三首相更是亲自担任农林水产业地区活力创造本部的本部长,并指定该本部牵头制定和推进提高农业竞争力的大政方针。上述组织在成立之后,围绕建设具有强大竞争力的进攻型农业的核心目标制定了相应政策措施,形成了分别由《农林水产地区活力创造计划》和《食物·农业·农村基本法》为核心的两个政策体系。

(一) 以《农林水产地区活力创造计划》为核心的政策体系

1. 政策体系的演变和框架

2013年6月,日本内阁批准了安倍首相的"三支箭"经济增长战略,包含激进的金融政策、灵活的财政政策和新的增长战略,《日本复兴战略》是对新增长战略的具体化(清水徹朗、乔禾,2016;首相官邸,2013;小島大德,2014)。在农林水产部门,《日本复兴战略》的核心目标是将日本的农林水产业转变为增长型产业,提高本国农业的竞争力则是完成这种转变的必由之路。2013年12月,农林水产业地区活力创造本部制定了《农林水产地区活力创造计划》,这是对《日本复兴战略》核心目标的具体化(農林水産省,2014;農林水産業·地域の活力創造本部,2018)。《农林水产地区活力创造计划》是日本发展进攻型农业、提高农业竞争力的核心文件之一，备受重视。出台至今，日本政府共对其进行了4次修订。2014年6月24日进行初次修订之后，为了便于民众理解和接受，农林水产省基于该计划，发布了《实现"进攻型农林水产业"的新政策纲要》（第二版），将《农林水产地区活力创造计划》中的政策措施进一步梳理和细化（松本納広，2015；農林水産省，2014）。2016年11月29日，农林水产业地区活力创造本部在第二次修订《农林水产地区活力创造计划》时，同步制定了《农业竞争力强化计划》，将其作为《农林水产地区活力创造计划》的附件（農林水産業・地域の活力創造本部，2016）。该计划明确了指向竞争力的农业发展规划，共包含13个版块，涉及农业生产、农产品流通、农业人才培育、食品出口、农村产业发展等多个方面。之后，日本政府着手基于《农业竞争力强化计划》中的相关条款有步骤地推进立法工作。2017年5月19日，日本国会通过并颁布了《农业竞争力强化支援法案》，并于同年8月1日正式实施（農林水産省，2019）。该法案对应于《农业竞争力强化计划》的前两个项目，重点强调了提供质优价廉的农业生产资料和保障农产品合理流通等两个方面（千葉諭等，2017）。以法律的形式进一步强调了提高农业竞争力的重要性，也彰显了安倍政府实现强大的进攻型农业的决心。

以《日本复兴战略》为先导，以《农林水产地区活力创造计划》为核心文件，同《实现"进攻型农林水产业"的新政策纲要》（第二版）、《农业竞争力强化计划》和《农业竞争力强化支援法案》等政策法规一起，构成了安倍政府变防御性农业保护为进攻型农业支持，进而提高农业竞争力的一个重要政策体系。

2. 政策目标和相应措施

（1）多措并举，着力开拓国际国内两个市场。

面对国际需求提高、国内需求疲软的农产品市场前景，日本政府决心以"和食"申遗成功为契机，在扩大国内需求的同时，积极推广日本的饮食文化，扩大农产品的出口规模。日本计划到 2019 年和 2030 年，农产品出口分别实现 1 万亿日元和 5 万亿日元的目标。同时，到 2020 年，国内学校等场所的农产品国产化比例达到 80% 以上。为了实现上述目标，日本计划由政府主导，参考法国食品协会（SOPEXA）的模式，设立日本食品海外促进中心（JFOODO），将在海外提升日本农产品的品牌价值，为生产方和出口商提供各类支援。JFOODO 将在国内向生产方提供海外信息，挖掘有望出口的商品种类，在海外则大力宣传和推广日本的饮食文化。出于降低运输成本、提高运输效率的考虑，日本计划推动海陆空的联合运输，开发最新的保鲜运输技术，同时鼓励日本冷库企业在海外连锁经营。日本将在少年儿童中加大日本饮食文化的教育力度，同时以非物质文化遗产申报、世博会和东京奥运会等契机，进一步推广日本的饮食文化。为了强化消费信心，日本在食品安全方面将强化行政监督力度，加强检验检疫，同时，推动本国农产品同国际标准的对接。

分析日本拓展海内外市场的诸多措施，可以看出对"文化""品质"和"安全"的强调。打"文化牌"的原因在于，饮食文化作为国家文化的有机组成部分，将国家文化和饮食文化的输出同农产品输出有机结合起来，提高国内外消费者对日本文化认同的同时，必将带动农产品的消费需求。打"品质牌"的原因在于，日本农业以小农经营模式为主，2010 年，日本户均耕地面积仅有 1.18 公顷，除北海道地区之外，广大都府县地区户均耕地面积更低，和美国等新大陆国家大农场生产模式相比，日本的农业生产存在天然的资源禀赋劣势。虽然近年来日本的农业技术进步使日本的土地生产率取得了长足的进步，但过低的土地装备率导致日本的农业生产依然无法消除劳动生产率的差距[1]。况且进一步提高土地生产率的难度更大，空间有限。在进一步提高产量难度加大的情况下，提高农产品的品质，以

---

[1] 劳动生产率（产量/劳动人口）= 土地生产率（产量/耕地面积）× 土地装备率（耕地面积/劳动人口）。例如，1980 年日本的土地生产率是美国的 10 倍，但美国的土地装备率是日本的 100 倍，相比之下，日本的劳动生产率仅是美国的 1/10（速水佑次郎，2003）。

"小而精"打入高端市场，实现与新大陆国家农产品的错位竞争，是日本农产品克服天然劣势、实现突围的理想途径。打"安全牌"的原因在于，无论国内外市场，食品安全对树立消费者的消费信心都至关重要。食品安全做得好，有助于建立本国农产品的核心竞争力，甚至通过"信任溢价"，实现农产品的高价销售。食品安全出问题，则会被消费者一票否决。日本加强本国农产品的安全管控力度，为农业生产划定底线和红线，这一做法值得试图开拓农产品市场的所有国家借鉴。

（2）创造性实施"六次产业化"，有效提高农产品附加值。

"六次产业化"强调通过一二三产业间的信息共享和系统集成，打通产业链与价值链，从而提高农产品附加值。其中，农产品的生产环节是"六次产业化"的基础，二三产业则实现了产值飞跃。在《日本复兴战略》《农林水产地区活力创造计划》和《实现"进攻型农林水产业"的新政策纲要》（第二版）中，日本政府反复强调要通过"六次产业化"大幅提高农产品附加值，并制定了到 2020 年"六次产业化"综合产值达到 10 万亿日元的目标。在这 10 万亿日元中，作为一次产业的农林水产业实现 1 万亿日元，作为二次产业的农产品加工业和三次产业的流通及餐饮行业实现 9 万亿日元的产值（见图 8-1）。

为了扶持"六次产业化"的发展，日本注重以市场化手段加大资金支持力度。2013 年，中央政府出资 300 亿日元，社会资本出资 18 亿日元，建立了 318 亿日元的"六次产业化"投资基金（A-FIVE）。农林水产省设立农林渔业成长产业化支援机构，负责 A-FIVE 的运营。具体运作中，以该投资基金作为母基金，与相关金融机构以 1∶1 配比，在都道府县各成立子基金。农业生产者、相关企业、上述子基金按照 1∶1∶2 的配比出资设立"六次产业化"经营主体，经过子基金、A-FIVE 和农林水产省审核认定后，这些经营体可以灵活地安排资金使用。2013—2015 年，共成立了 53 个子基金，基金总规模达到 750 亿日元，为 65 个"六次产业化"经营体提供出资，总额达到 40.59 亿日元（王乐君、赵海，2016）。除了 A-FIVE，日本还设立了各类发展配套资金、农业生产发展资金和专项资金，为"六次产业化"的发展提供补贴、投资、贴息以及为"六次产业化"经营主体提供免费咨询服务（王乐君、赵海，2016）。

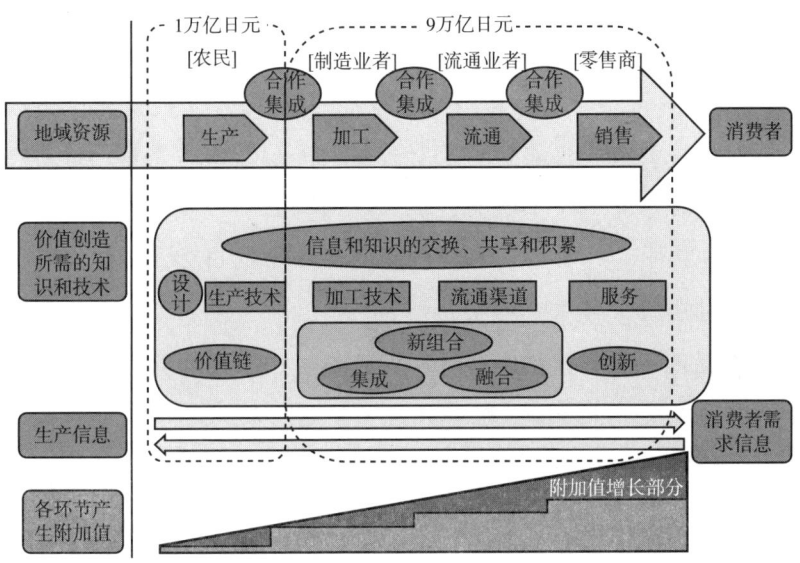

图8-1 通过"六次产业化"将农业产值扩大10倍

资料来源：综合《日本复兴战略》《"六次产业化"的逻辑和发展方向——构建价值链和促进创新的视角》（日本農林水産政策研究所，2015年第2号）等资料绘制。

（3）重塑生产经营主体，切实推动适度规模经营。

夯实农业生产基础是增强农业竞争力的基础性工作。为了夯实农业生产基础，从人、地两方面推动农业结构改革很有必要。《日本复兴战略》和《农林水产地区活力创造计划》均重点强调了农业结构改革，并在培育新型农业经营主体和实现耕地资源集中两个方面制定了明确目标。未来10年，在新型农业经营主体方面，公司制法人类经营主体将达到5万家；新进入农业部门的经营主体数量实现翻倍，40岁以下的年轻农民数量达到40万名。耕地资源方面，80%的耕地资源将向上述熟练农业生产的经营主体集中。

为了调整农业生产者结构组成，日本一是鼓励法人类经营主体进入农业部门。具体措施包括降低法人企业进入农业部门的门槛，对投资法人企业的人员给予资金支持，简化行政流程以促进投资便利化，对法人企业给予信贷支持等。二是推进农业从业人员年轻化，为农业生产储备后备力量。日本政府以"周末"农业、"带薪"农业的形式鼓励城市青年人重返农业，向低于45岁的有意向参与农业的后备人员提供培训并给予生活保障性质的补贴。此外，日本还计划推进"女性农民"项目，为女性参与农业生产创造条件，以促进农业生产者的多样化。推动农业结构改革的另一个重点是加快推动农地集中。为了实现80%农地实现集中的目标，2013年，产业竞争力会议与进攻型农林水产业推进本部[1]提出了设置农地中间管理机构的设想（清水徹朗、乔禾，2015）。经过后续立法[2]，日本批准都道府县层面设立"农地中间管理机构"，赋予其土地租赁、管理与流通的权限（魏晓莎，2015）。整体来说，农地所有方将农地的经营权流转给中介机构，通过中介机构流转给农地租入方，农地所有方并无选择转入方的权力，从而实现了"白纸委托"（叶兴庆、翁宁，2018）。具体来说，土地流转过程大致可分为五步。第一步，有意转入土地的主体提交申请材料，说明土地需求信息；第二步，将需求信息定期公开，征集有意转出土地的所有者；第三步，梳理供给和需求信息，确定有意转出土地的转出方的优先顺序；第四步，中间管理机构暂时转入信息匹配的农地，并获得对该土地的"中间管理权"；第五步，实现农地向拟转入方的正式转出。[3] 为了调动参与流转各方的积极性，日本政府对流转中介和转出方进行补贴，补贴数额和流转面积挂钩。对于流转中介来说，其获得流转委托的农地面积占某一区域农地总面积的比例越大，其单位面积的补贴标准越高。对于参与转出农地的个

---

[1] 为建设进攻型农业，提高农业竞争力，安倍晋三于2013年1月在首相官邸设立了产业竞争力会议，农林水产省同时组建了"进攻型农林水产业推进本部"。
[2] 2013年12月日本出台了《农田中间管理机构法》，同步修订了《农促法》。
[3] 参见爱知县土地中间管理机构的工作流程：http://www.aichinoshinki.or.jp/nochi/work.html。

人来说,其同样能够获得流转补贴,补贴的标准同流转面积挂钩(刘启明、李晓晖,2018)。

(4)推进农协市场化改革,强化社会化服务功能。

在提高农业生产力的五项改革措施中,推动农协的改革意义重大。长期以来,日本农协在维护农民利益、提供社会服务、保障粮食安全等方面发挥了重要的作用,但经过多年发展,农协的行政垄断色彩日趋浓厚,尤其是农协反对日本加入TPP、妨碍农地流转、阻挠农业支持政策改革,成为日本通过推进改革提高农业竞争力的阻碍。由于日本实行"票差格局"选举制度,农民的选票效果相对更重,农村选票很大程度上决定选举胜负,各党派均在涉农改革方面非常谨慎①。长期以来,农村和农协均是自民党的票仓,安倍内阁在此改革"深水区",依然决定推动削减农协利益的改革,可见这项改革的紧迫性。

2014年5月,安倍内阁召开规制改革会议,发布了《关于农业改革的意见》,对农协展开了强有力的改革,最终于2015年制定了新版《农业协同组合法》。规定将在3年内废除全国农协中央会对全国农协各级组织的监察、管理和指导权,将农协整体改制成为社会化自愿性团体。日本政府希望通过该规定促进各地区农协和农户在涉及农产品价格、生产服务和农产品及其加工品的流通路径方面开展自由竞争。此外,该法案还规定,都道府县农协中央会将从原来的特别法人转变为农协联合会;农协的中央经营机构改制成为股份制企业;促进综合农协转型为专业农协,给予基层农协更大的自主性(胡凌啸、周应恒,2018;两角和夫,2013)。这些举措的目的都是削弱农协组织的行政力量,弱化其垄断能力,在提高农协以市场化方式服务农民能力的同时,也有利于后续提高农业竞争力的改革方案的贯彻实施。

---

① 在日本的国会议员选举时,虽然农业人口仅占全国人口的3.8%,却掌握着相当于该比例2~5倍的选票比例,这意味着与城市相比,农村地区以较少的人口就可能产生一位议员。

改革后的日本农协组织架构及功能如图8-2所示。

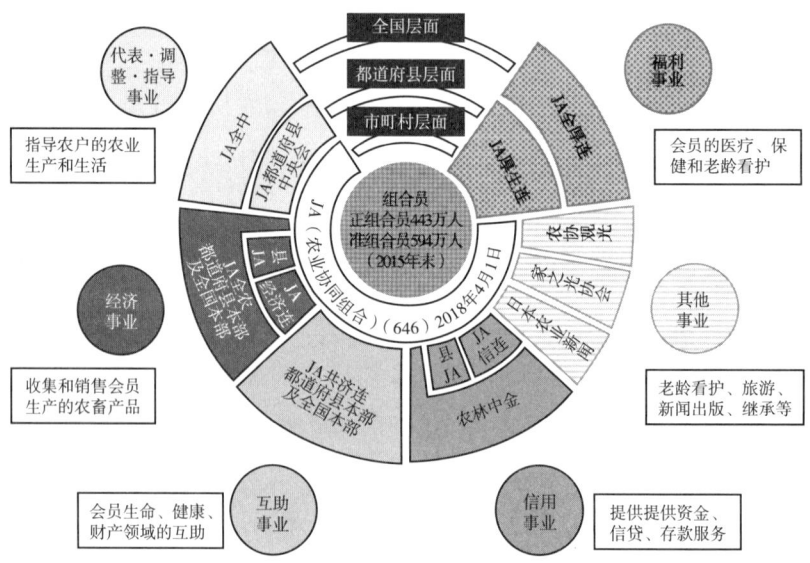

图8-2　改革后的日本农协组织架构及功能

资料来源：日本农协中央会网站，https://org.ja-group.jp。

实现"进攻型农林水产业"的政策措施如表8-1所示。

表8-1　实现"进攻型农林水产业"的政策措施

政策设想	政策细则
扩大国内外农产品需求	推进FBI战略，推广日本食品文化，推动食品产业海外发展
	国内外推广"和食""和文化"
	回应新的国内需求
	确保食品安全和消费者信赖
提高农产品附加值	以"六次产业化"为核心，推进生产、流通、加工一体化
	创设地理标识制度
	充分利用地区资源和可再生能源
	充分利用新技术，发展新农业
	增强畜牧业的竞争力

续表

政策设想	政策细则
强化农业生产能力	推动耕地向主要经营主体集中
	改革农户经营收入稳定政策
	推进稻米政策改革
	推进农协和农业委员会改革
	培育多样化的农业经营主体，降低农业生产成本
发挥和维持农业多功能性	创设日本型直接支付制度
	振兴衰落的农村

资料来源：《实现"进攻型农林水产业"的新政策纲要》（第二版）。

（5）生产和流通两环节入手，有效降低农产品总成本。

农产品的价格是影响竞争力的直接因素[①]。以主要粮食作物大米为例，日本国产大米的价格远高于国际米价，除了品质高、价格保护、农协组织和其他政治因素等原因，生产成本高也是重要因素（温铁军等，2016）。考察日本大米价格的结构组成，在3 563日元/10kg[②]的大米售价中，经营者的实际收入和其他经营成本（包括地租、利息、建设、灌溉和土地改良成本等）分别约占30%和20%，农药、化肥和机械等生产资料成本约占20%，剩余大约30%为流通成本和零售商的利润（见图8-3）。在保证农民利益不受损害，耕地建设、土地改良和灌溉投入只增不减等前提下，前文述及的推动农地集中以实现规模效益是重要途径，同时，占销售总价30%～50%的生产、加工和流通环节的成本也提供了重要的成本削减空间。

---

① 例如，2018年3月，美国以外的11个国家签署跨太平洋伙伴关系协定（TPP）。TPP生效后，澳大利亚获得每年8 400吨的对日大米出口配额。3月下旬，日本的大型超市中，4千克装澳大利亚大米的售价约为1 180日元（不含税，约合人民币68.7元），单价比北海道产"七星"大米便宜两成。由于具有明显的价格优势，以关东地区为中心，澳大利亚大米品牌"URARAKA"在144家超市发起了销售攻势。

② 大米价格涉及的数据全部为2013年数据。

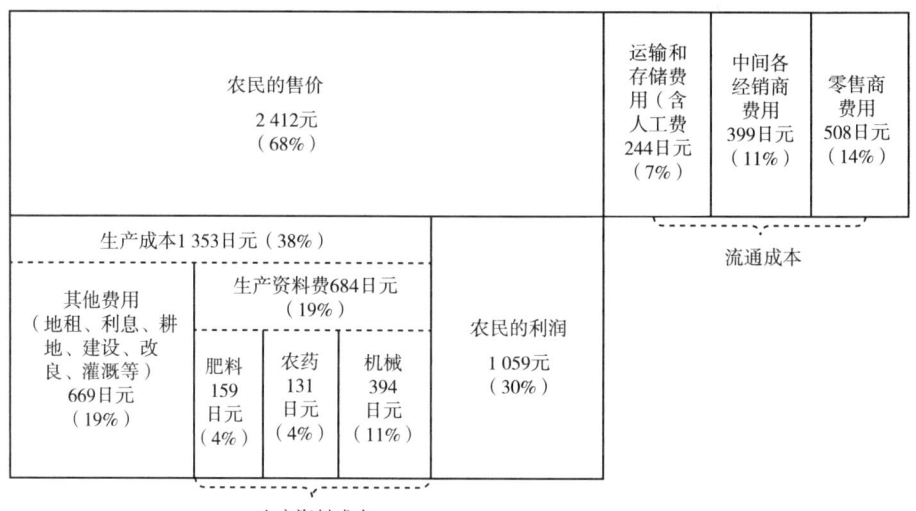

图8-3 10千克大米零售价的结构组成

资料来源：日本农林水产省《农业竞争力加强支援法案的说明》。

为从源头上降低农产品的生产、流通成本，从而降低日本农产品的销售价格，以增强其竞争力，2017年8月1日日本正式实施《农业竞争力强化支援法案》。在降低生产资料成本方面，《农业竞争力强化支援法案》规定，鼓励现有的生产资料生产企业进行业务重组，提高生产效率。同时，放宽市场准入，重点鼓励民营企业和社会资本进入种子、肥料等生产部门。由政府主导，通过建设生产资料统一采购网站，农业生产者能够方便地进行农资比价，以加强农资销售商的市场竞争，促进价格透明，为农户的采购优质低价农资提供便利。在完善农产品的流通和加工体系方面，《农业竞争力强化支援法案》同样鼓励民营企业和社会资本进入该领域。同时，鼓励通过IT技术等科技手段，促进流通环节的业务重组，实现高效的农产品分销，并鼓励企业进行技术升级，提高生产效率。此外，该方案希望通过促进农产品的直销，减少中间环节，进一步降低农产品价格。

(二) 以《食物·农业·农村基本法》为核心的政策体系

1. 政策体系的演变和框架

在日本的农政体系中,《农业基本法》和《食物·农业·农村基本法》在不同的历史阶段分别起到了农业宪法的作用。基于1999年的《食物·农业·农村基本法》,2000年3月,日本制定了更加具体的《食物·农业·农村基本计划》(简称《基本计划》),规定了政府在中长期内处理粮食、农业和农村问题的基本政策[①]。规定每五年对《基本计划》进行一次修订,每次修订均具有各自不同的侧重点,以保证农业政策可以精确响应各方面的变化。2013年日本农业支持政策的理念从防御转向进攻,明确了建设具有强大竞争力的进攻型农业的核心目标,此后,各项农业支持政策均围绕提高农业竞争力展开。因此,2015年3月,在日本第四次修订《基本计划》时,提高农业竞争力成为其政策侧重点。

虽然同样围绕建设具有强大竞争力的进攻型农业的核心目标制定政策措施,但鉴于《基本计划》在形成脉络上完全独立于《农林水产地区活力创造计划》为核心的政策体系,具体政策目标和措施也有一定差别,本节将《基本计划》作为独立于《农林水产地区活力创造计划》的另一政策体系进行阐述。

2. 政策目标和相应措施

(1)《基本计划》制定的农业发展目标(见表8-2)。

新修订的《基本计划》中,日本在粮食自给、土地集中和农民年龄结构等方面设定了明确目标。粮食自给率方面,分设热量自给率、产值自给率和饲料自给率三个指标。其中,饲料自给率是《食物·农业·农村基本

---

① 具体可参见2000年至今,共五版《食物·农业·农村基本计划》。

计划》在本次修订中首次正式设立。增设的原因在于，随着经济的发展和农业生产结构的调整，畜牧业在农业生产中的地位逐渐增强，而高品质饲料的有效供给直接关系健康安全的畜牧产品的供给能力（郭曦等，2016）。2013年，日本的饲料自给率为26%，计划至2025年提高为40%。粮食自给方面，2010年修订版曾制定了到2020年热量自给率达到50%的目标，但设立至今，日本的粮食热量自给率仅达到40%左右，因此在本次修订中，热量自给率设置为45%；而产值自给率则基本实现了之前预定的70%的目标，因此本次修订将该指标进一步提高至73%。热量自给率和产值自给率目标一降一升，这也可以看出日本对通过"六次产业化"提高农业附加值抱有高度期待。在推动农地集中方面，日本计划通过十年努力，各类专业度高的农业经营体占有耕地面积的比例从2014年时期的50%提高至2025年时的80%。农业从业者数量和年龄结构方面，到2025年，理想的农业从业人口数量为184万人，其中年龄在50岁和70岁以下的人口占比分别为23.91%和54.89%。在持续调整农业生产结构的同时，《基本计划》还对扭转耕地面积萎缩的趋势以及提高耕地利用率设置了明确目标。除了严控农地转用和地产开发挤占农地等传统的农地保护措施外，《基本计划》还计划通过发展无土栽培和"屋顶种植"等城市农业，实现种植面积在2025年较2013年提高6.2%，同时土地利用率提高9.78%的目标。

表8-2 2015年《食物·农业·农村基本计划》制定的农业发展目标

类别	领域	2013年（基准）	2025年
食物自给率	热量自给率（%）	39	45
	产值自给率（%）	65	73
	饲料自给率（%）	26	40
耕地利用	耕地面积（万公顷）	454	440
	种植面积（万公顷）	417	443
	耕地利用率（%）	92	101

续表

类别	领域	2013年（基准）	2025年
农业结构	经营农户面积占比（%）	50（2014年）	80
	农民年龄结构	—	骨干农业从业者人数为184万人，其中，50岁以下占比23.91%，70岁以下占比54.89%

资料来源：《食物·农业·农村基本计划》（2015年修订版）。

（2）《基本计划》制定的政策措施（见表8-3）。

自2000年制定《基本计划》以来，在历次修定中均为农业发展制定了目标，但这些目标大多未能实现。以核心指标粮食自给率为例，2000年和2005年的《基本计划》均制定了到2010年和2015年达到45%的目标，但2010年和2015年实际热量自给率均只有39%。这一方面是因为实现《基本计划》制定的增长目标本身难度较大；另一方面告诫日本政府，必须提出更加务实有效的政策措施，才可能实现本次修订确定的建设有强大竞争力的"进攻型"农业涉及的各项指标。

表8-3 2015年《食物·农业·农村基本计划》制定的政策措施

领域	政策概要
稳定的食物供应	确保食品安全，增强消费者信心
	强化饮食文化的教育，保护和继承"和食"
	打通生产、加工和流通环节，提高农产品附加值
	开拓国际市场
	建立应对各种风险的综合粮食安全体系
	积极应对WTO、RCEP、FTP、日EU·EPA等谈判
农业可持续发展	培育和保护农业经营主体，构造强大可持续的农业结构
	提供和改善可以充分发挥女性潜力的生产生活环境
	通过农地中间管理结构推动农地集中集约利用
	通过直接支付和农业保险等推动农民收入的稳定增长
	加强农业生产基础设施的建设和管护

续表

领域	政策概要
农业可持续发展	加强农业生产和供给体制改革
	加大农产品生产和配送技术创新，降低生产成本，提高附加值
	完善应对气候变化等问题的相关政策
振兴乡村	利用社区资源，强化社区功能，促进社区协调和健康发展
	积极利用各种区域资源创造就业，提高收入
	促进城乡交流，农村移民安置，促进城市农业发展
涉农团体的改革	农协的改革
	农业委员会的改革
	农业互助会的改革

资料来源：《食物·农业·农村基本计划》（2015年修订版）。

基于此，最新修订的《基本计划》从五个方面描述了促进农业发展的各项举措。除地震灾区农业的恢复重建外，其余四个方面的主题均围绕建设有强大竞争力的"进攻型"农业。第一部分是确保稳定的食物供应。一方面通过饮食文化的宣传和教育，强化食品安全机制建设，提高品质，扩大国内外对日本农产品的需求；另一方面，以推动"六次产业化"为抓手，打通农产品的生产、加工和流通链条，提高农产品附加值。分析上述政策的内在联系，可以看出日本政府希望通过打出政策组合拳，以有效促进食物在国内外的稳定供应：对内培养文化认同，进而提高对本国农产品的认同；对外通过文化输出，带动农产品输出；提高农产品品质，实现和欧美澳农产品的错位竞争，规避成本劣势；构筑食品安全的底线，提高消费者的信任溢价；推动"六次产业化"，促进生产、加工、流通等环节的有效融合，深挖农业生产的附加值，从而放大整体产值。日本的上述政策措施，在以《农林水产地区活力创造计划》为核心的政策体系中已进行了论述，此次修订《基本计划》则进一步予以强化。《基本计划》的第二部分是实现农业可持续发展。在推动农业结构改革的大方向下，通过农地中间管理机构，加快推动农地集中；鼓励年轻人、女性加入农业部门，改善农民的年龄和性别结构；通过直接支付和农业保险等手段，完善现有农业互助救济系统，使农户收入的稳步提高更有保障；完善农业生产的基础工作，加强农业基础设施的建设和管护；建立新的研发体系并加速机器人等新技术向农业部门的转化，以进一步降低农业生产成本。第二部分的政策措施和以《农林水产地区活力创造计划》为核心的政策体系相呼应，均侧重于强调日本的农业结构改革。长期以来，在农业方面，日本人多地少，耕地零散，严重制约了农业劳动生产率的提高，使日本农产品的成本劣势明显。日本政府在系列文件中，多次强调土地集中，可以看出本届日本政府在已经耽搁了半个世纪的农地集中问题上，取得突破的决心。为女性提供更加完善的务农环境，鼓励青年人以各种形式加入农业部门则显示了政府积极解决"农业接班人危机"的政策意图。鉴于"三农"问题的解决是一个系统工程，农业、农村和农民环环相扣，休戚相关，日本提高农业竞争力的计划自然离不开农村发展的支撑，更离不开安居乐业的农民的参与。因此，《基本计划》的第三部分围绕促进乡村振兴展开。主要措施有建设农村现代社区平台，引入高附加值的食品加工业和旅游业，以及完善交通和教育等民生机构以创造就业和提高农民收入，促进城乡交流和移居农村。《基本计划》的第四部分是改革重组涉农团体。本部分的重点是农协系统的改革和重组，这也是以《农林水产地区活力创造计划》为核心的政策体系着重强调的。

（三）日本进攻型农业政策新体系的整体评述

综上所述，在进攻型农业支持的理念指引下，日本政府围绕建设具有强大竞争力的进攻型农业的核心目标构建了较为完整的政策体系。具体来说，以形成脉络为划分依据，该政策体系包含两个分别以《农林水产地区活力创造计划》和《食物·农业·农村基本法》为核心的政策子体系。其中，以《农林水产地区活力创造计划》为核心的政策体系是在安倍新政府上台之后逐步制定并完善的。该体系从开拓农产品市场、强化"六次产业化"、农业适度规模经营、重塑农业经营主体、推动农协改革以及降低农业总成本等多方面，制定了具体的农业发展目标和相应举措，提高农业竞争力的政策指向非常明确。与以《农林水产地区活力创造计划》为核心的政策体系不同，以《食物·农业·农村基本法》为核心的政策体系在形成脉络上是延续了2000年以来，每五年对《食物·农业·农村基本计划》进行修订的惯例。鉴于安倍政府上台之后，农业政策的理念和政策目标较往届政府更加强调"进攻"和"竞争力"，因此2015年对《食物·农业·农村基本计划》进行修订时，政策指向直指农业竞争力的提高，并在提供稳定的食物供应、实现农业可持续发展、推动振兴乡村和改革涉农团体等方面制定了具体目标和举措。

虽然形成脉络不同，政策目标和举措也略有差异，但分别以《农林水产地区活力创造计划》和《食物·农业·农村基本法》为核心的两个政策子体系提高农业竞争力的政策指向一致。二者相互配合，形成了建设具有强大竞争力的进攻型农业的政策体系，推动实现了日本农业支持政策从防御到进攻的转型。

三、日本农业新政的启示与政策建议

同日本相似，我国农业也面临竞争力持续弱化的问题。促进增产导向的农业支持政策体系向竞争力导向的农业支持政策体系转型是未来的大势所趋。

（一）我国农业支持的现状：增产导向较强，农业竞争力弱化

长期以来，总量不足是我国农业发展面临的主要矛盾，"保供给、促产量"一直是制定农业支持政策的核心目标之一。在此目标指引下，我国建立起一套增产导向明显的农业支持政策体系，主要包括产量挂钩的农业补贴政策、粮食最低收购价政策、重要农产品的临时收储政策、农

业投资政策和地方政府产粮激励政策等（叶兴庆，2017）。强调增产的政策导向在一定历史时期内为我国粮食产量稳步提升作出了重要贡献，但经过多年持续性丰产丰收，我国农业生产的主要矛盾已由总量不足转变为结构性矛盾，且矛盾的主要方面在供给侧，部分农产品更是出现了阶段性的供过于求。继续实施增产导向的农业支持政策，将使扭曲的供求关系更趋恶化，也将造成不必要的资源和财政浪费，强调增产已经丧失必要性和合理性。

与此同时，增产导向的农业支持政策的长期实施成为我国农业竞争力弱化的重要原因。一方面，最低收购价格等托市政策扭曲了价格的市场化形成机制，直接导致我国农产品和国际农产品出现价差，且在逐步拉大；另一方面，增产导向的农业支持政策体系下，一些本该退出生产的低效、不可持续的农业产能依然受到补贴，导致农业整体生产效能低下；此外，增产导向的农业支持政策过于关注产量，部分品质较好但单产较低的农产品受到忽视，在品质方面出现"劣币驱逐良币"的情况，影响了农产品整体品质的提高。

当前，农业竞争力弱化已经成为我国不得不面对的现实。我国农业竞争力的弱化主要表现为：一是大宗农产品境内外价差进一步拉大；二是特定农产品及其替代品一方面进口激增，另一方面库存压力持续加大；三是农业种植的整体收益在不断下滑（伍振军，2017）。大宗农产品的价差方面，到2016年，小麦、稻谷现货境内外价差在1 400 元/吨左右，玉米价差在700 元/吨左右，猪肉和白糖的国内均价超过进口价格的2倍。价格倒挂直接导致了部分农产品的"三高"问题，以三大粮为例，2017年的产量只比2016年低110万吨，两年基本持平，但当年合计进口1.12亿吨，比2016年高11.2%，同时，当年收购粮食4.25亿吨，消化库存0.85亿吨，粮食市场呈现"洋货入市、国货入库"的尴尬局面。虽然主要农产品的国内价格居高不下，但人力成本、生产资料成本等普遍上涨，农民的生产利润持续降低。2016年，不考虑地租和劳动力价格因素的单位面积利润约为

642元/公顷，处于历史较低水平，若将二者考虑在内，则为-1 102元/公顷，意味着我国的粮食种植行业大面积亏损。[①] 总而言之，经过增产导向的农业支持政策的长期实施，我国农业竞争力的持续弱化已经是不争的事实，在国际竞争力日益加剧的当下，农业支持政策体系从增产导向往竞争力导向转型是我国未来的必然选择。

（二）日本农业支持政策的转型经验对我国的启示

结合日本提升农业竞争力的政策措施以及我国农业竞争力弱化的现实，本章凝练出以下可供我国借鉴的启示。

1. 从防御到进攻的理念转变是农业竞争力提高的前提

长期以来，面对国际竞争，日本农业支持政策的"防御"色彩浓厚。日本通过国境保护、价格支持和生产补贴等手段，缓冲了国际竞争给本国农业带来的冲击的同时，也导致农业对政府保护产生了严重依赖，逐步产生了生产要素流失、粮食自给率下降、农村日渐衰败、农业竞争力整体降低的情况。新形势下，日本农业必须直面国际竞争，一味地防御只会使农业部门继续在竞争中衰败，进攻则是国际竞争中最好的防御，而农业竞争力的提高是日本农业在进攻中取胜的关键。基于此，安倍政府调整农业支持的理念，变"防御"为"进攻"，以此为前提，相应调整了政策体系的目标和举措。

当前，中国的农业发展受到高成本、高价格、高补贴的"三高"问题的困扰，农业竞争力持续弱化。随着我国开放程度进一步扩大，农产品市场受到的冲击更趋猛烈；另外，随着"一带一路"倡议的推进，中国农产品走出国门，主动参与国际竞争的需求加大。在以防御为基调的理念下，保护农产品免受国际冲击的农业支持政策体系已不能完全适应新时代和新

---

① 以上数据综合（伍振军，2017）、《全国农产品成本收益资料汇编（2017）》等资料估算。

情况。为此，可借鉴日本变防御为进攻的理念的转变，在未来的政策制定中，更加强调农业竞争力的提高。只有理念率先转变，才能制定竞争力导向的农业支持政策体系。

2. 从人、地、组织形式等多方面夯实生产能力是农业竞争力提高的基础

日本政府强化农业基础条件，提高农业生产能力的努力体现在三个方面。第一方面，加快农业经营结构改革。一是设立农地中介管理机构，加快农地向专业化和规模化的经营者集中，改变土地零散经营的现状；二是培育新型农业经营主体，鼓励法人经营主体和年轻农民进入农业生产领域，并促进农地等资源向其集中；三是推动农协从中央到地方层面的改革，提高其以市场化方式服务"三农"的能力。第二方面，加强农业基础设施的建设和管护，进一步改善农业生产条件，提高农业自然灾害的防御能力。第三方面，建立日本版的直接支付体系，加大农业保险补贴力度，进一步提高对农业经营者的支持力度。农民、农地和农业经营组织是影响农业发展，尤其是农业生产能力稳步提高的重要因素。日本政府在农民、农地和农业经营组织等多角度推动改革，目的直指生产能力的提高，进而为提高农业竞争力打下基础。

夯实农业生产能力基础，提高我国的农业生产能力同样是提高我国农业竞争力的基础。为此，可借鉴日本做法，大力培育农业经营主体和推进农地集中。一是大力培育新型农业经营主体。对家庭农场、合作社、龙头企业、社会化服务组织和农业产业化联合体等新型农业经营主体加大支持力度，支持土地向其集中以发展适度规模经营。二是扶持小农户，并将其引入现代农业的发展轨道。短期之内，我国小农生产的格局将不会改变，小农仍将在经营主体中占据数量优势，可从加大支付力度、提高组织化程度、开展农业保险等方面着手，逐步将其引入现代农业发展轨道，并提高其抗风险的能力。三是培育青年职业农民。可借鉴日本做法，在税

收、补贴、培训和行政审批等多方面给予优惠,鼓励引导更多青年人从事农业生产。

3. 降低生产成本,提高农产品附加值是农业竞争力提高的关键

日本政府抓住农业生产的两端,一方面降低生产成本,另一方面提高农产品附加值,在扩大利润空间的同时,提高整体竞争力。在生产成本方面,本着可操作性强又不降低农民收入的原则,日本将降低生产和流通成本作为降低总成本的抓手。通过立法,为农业生产者提供优质价廉的生产资料的同时,减少农产品从生产到销售的流通环节,实现降低生产成本、提高农民收入、提高竞争力的有机统一。在降低生产成本的同时,日本政府高度重视通过"六次产业化",实现农产品附加值的提高。一方面,以产业链的形式,串联农产品生产、加工、流通和零售环节,将农产品的内涵拓展为初级农产品及其加工品。通过提高初级农产品的品质,把好安全关,获得信任溢价;通过对初级农产品进行加工,实现附加值的进一步提高。另一方面,利用农业的多功能性,实现农业生产、"和文化"传承、农业休闲旅游等多方面的有机统一,将农业从第一产业拓展到一二三产业融合的范畴,进一步放大了农业产值。

我国农业竞争力的提高同样离不开降本增效和附加值的提高。在降低生产成本方面,以降低生产资料价格和优化流通环节为切入点。一是对生产资料类生产企业定向减税降费,优化生产流程,提高生产效率,建立网络平台帮助农户进行价格比选,以帮助农民获得质优价廉的农业生产资料;二是鼓励农超对接、农批对接、网上交易以及鼓励新型农业经营主体开展直营等措施,减少流通环节。提高附加值方面,一方面应在狠抓农产品质量安全的基础上,减少农药的使用,并推动有机肥替代化肥,逐步提高我国农产品的品质;另一方面深入推进一二三产业融合,在税收优惠、行政审批、资金支持、培训指导等方面给予支持,鼓励更多资金进入农产品加工领域,实现产业链的延伸以及附加值的提高。

4. 多管齐下，开拓国际国内两个市场是农业竞争力提高的重要方面

在助力本国农产品开拓国际和国内两个市场方面，日本政府的措施具有鲜明的特点：政府主导、注重品质、大打文化牌。一是政府主导成立了多个负责农产品宣传推介的机构和组织，并对生产、加工、集散和物流等在内的全流程进行了优化。二是在筑牢食品安全生命线的基础上，通过抓品质，塑造"日本品牌"，建立消费口碑，实现和其他国家农产品的错位竞争。三是在国内外，"和食""和文化"都伴随着农产品的宣传和推广，尤其是在国内，日本反复强调要强化饮食文化的教育，保护和继承"和食"。日本希望将农产品的消费同文化的传承及输出有机融合，通过建立文化认同，带动日本农产品的消费。

帮助我国农产品在全球范围内开拓市场，在上文提到注重品质的同时，同样应注重政府主导和打好文化牌。政府可设立专门负责农产品宣传推介的机构和组织，也可充分利用现有的使领馆和各类派出机构等渠道，加大我国农产品的宣传推介力度；另外，优化出口农产品的生产、加工、集散和物流全流程，提高出口效率；还应制定严格的农产品质量安全标准，建立质量安全黑名单，并加大对违法违规企业的处罚力度，建立我国农产品品质和安全的口碑。作为 5000 年文明古国，农耕文化一直是中华文化的重要组成部分，在世界范围内有着广泛认同。我国一方面应注重在国内的青少年中加大中华农耕文化的宣传教育，提高国人对本国农产品的认同；另一方面，可借助孔子学院等平台，将对中国农产品的认同和中华文化推广结合起来，在世界范围内大力宣传中华农耕文化和中华美食。

5. 激发农村发展活力，推动乡村振兴是农业竞争力提高的重要支撑

农村在农产品供应，提供生产生活的场所等方面具有基础地位，农村繁荣可以为农业发展及竞争力提高提供重要支撑。在《食物·农业·农村基本计划》这一基本法规中，日本政府对激发农村的发展活力、推动乡村

振兴作出系统规划。其一，借助农业多功能性支付、山区发展支付等直接支付手段，进行真金白银的投入。其二，对农村村落进行"整合""联网"，核心是整合衰败的乡村形成"核心村"，并在核心村加大产业类和生活类基础设施投资，以点带面，带动乡村的整体发展。其三，乡村振兴，产业兴旺是关键，日本政府一是通过"六次产业化"，二是最大限度地借助区域生物、旅游和水利资源，实现产业兴旺，进一步提高农村地区的经营收入。

随着我国工业化、城镇化和现代化的持续推进，农民大量离开农村，我国农村陷入相对衰败将在未来一段时期内成为趋势。我国可借鉴日本做法，对人口减少的连片村庄进行整合，形成核心村。依托核心村，加大产业类基础设施的投资力度，为农村居民提供就近兼业的机会，并以点带面，带动周边村落的发展。同时，我国应大力推动农村地区一二三产业融合，将推动产业兴旺作为乡村振兴的抓手。一方面，加大农村地区农产品加工类企业的招商引资力度，推动初级农产品的深加工，提高农产品附加值的同时，增加农村居民的就业机会和收入水平；另一方面，最大限度地利用区域资源，鼓励农民开办农家乐、生态农场、餐馆等休闲农业和乡村旅游项目，并在税收优惠、消防和特种行业经营便利等方面提供便利。

四、本章小结

"进攻是最好的防御"，提高农业竞争力以使其具备进攻国内外市场的能力是面对竞争最好的防御。在防御性的高度保护下，日本农业的竞争力持续弱化。日本政府认识到增强农业自身竞争力，使其具备强大的进攻能力，是对农业最好的支持。在该理念指引下，围绕增强农业竞争力的核心目标，日本颁布或修订了多部涉及人、地、组织形式和生产关系的政策法规，形成了由《农林水产地区活力创造计划》和《食物·农业·农村基本法》为框架的农业支持政策体系。本章深入分析了日本农业支持政策的理念从防御到进攻转变的缘起,梳理了日本构建的旨在增强农业竞争力的政策体系。结合我国当前增产导向的农业支持政策体系及竞争力弱化的现状,凝练出日本经验对加快我国的农业支持政策向竞争力导向转型的启示:加快"防御"到"进攻"的农业支持理念的转变;强化农业基础条件,提高农业生产能力;降低农业生产成本,提高农产品附加值;多管齐下,开拓国际国内两个市场;激发农村发展活力,推动乡村振兴。

第九章　修订"农业宪法"：聚焦小农生产的高质量发展

2020年3月，前首相安倍晋三离任前期，日本政府时隔五年，对具有"农业宪法"地位的《食物·农业·农村基本计划》进行了再次修订。鉴于2015年第四次修订《基本计划》以来，困扰小农生产格局下的日本农业实现高质量发展的诸多深层问题尚未得到有效解决，加之国内外要求提升小农发展质量的呼声日益高涨，因此，本次《基本计划》的修订带有清晰的推动小农实现高质量发展的政策导向。在此导向下，本次修订设置了2030年日本的农业发展核心目标，围绕该目标的实现，构建了一整套政策体系。同以往修订相比，本次修订更为注重立足日本的小农生产实际，设置的目标更趋务实，拟定的政策能够直击要害，在颁布一年多以来，已经获得了日本各界的高度评价（植田展大，2021；磯田宏，2021）。

对本次修订进行系统深入分析的必要性体现在以下两个方面。一方面，《基本计划》具有"农业宪法"的地位，其设置的农业发展目标、勾勒的农政框架，是未来10年日本制定其他农政措施的主要遵循。鉴于自民党在日本长期执政的可能性较大，因此当前的自民党政府借助修订《基本计划》所传递的农业发展理念、确立的农业发展目标和拟定的主要政策举措，将在至少10年内对日本农业发展产生深远影响。基于此，深入分析最新修订的《基本计划》，无疑将有助于增强对邻国日本农政改革未来走向的理解和把握。另一方面，同日本相似，近年来小农生产格局下的中国农业同样深受发展质量不高的困扰（孙江超，2019）。作为一衣带水的邻国，中日两国农业资源禀赋高度相似，相互借鉴农政改革理念和做法的必要性较大。因此，深入分析日本在最新修订的《基本计划》中部署的旨在推动小农实现高质量发展的政策体系，对于中国提升自身小农发展质量具有一定的借鉴价值。

基于此，本章从三个方面对最新修订的《基本计划》进行系统深入分析。首先，对《基本计划》修订的背景进行深入探究；其次，对本次修订确立的未来十年日本农业的核心发展目标，以及围绕目标实现而部署的政策体系进行系统梳理和解读；最后，对前后两次《基本计划》修订的差异进行纵向比较，以此深化对日本近年来农政改革思路和走向的洞悉与理解，也进一步彰显最新修订《基本计划》的政策导向和侧重点。基于上述对《基本计划》最新修订的系统探究，本章凝练出日本农政改革对中国的启示，并提出了政策建议。

一、再次修订《基本计划》的背景

（一）每五年修订一次《基本计划》是日本的一项制度安排

伴随着经济起飞过程中工业化和城市化加快推进，日本农业的发展空间受到持续挤压（马红坤等，2020；马红坤、毛世平，2019b）。为了提高农业生产效率，缩小日益扩大的农民与二三产业从业者之间的收入差距，日本于1961年6月颁布实施了具有"农业宪法"地位的《农业基本法》。在随后的38年间，日本先后经历了工业化、城市化和全球化狂飙突进的20世纪七八十年代以及泡沫经济破裂的20世纪90年代，食物、农业和农村系统所处的发展环境已经发生巨大改变，同时也出现了粮食自给率下降、农村老龄化和少子化加剧以及农地流失、土地抛荒严重等诸多新的问题，但基于1960年代初期经济社会发展状况制定的《农业基本法》一直未进行实质性修订。到1990年代末期，1961版《农业基本法》已经丧失了为农业发展提供纲领性指导的功能，日本亟须制定一部新的"农业宪法"。基于此，经过反复酝酿和多轮修改，日本于1999年7月正式颁布实施了全新的《食物·农业·农村基本法》（谷口宪治，2000；小池恒男，2000）。出于对1961年版《农业基本法》颁布后鲜少修订，导致功能弱化的反思，也为了强化新法应对新挑战、解决新问题的能力，日本计划在新法实施过程中对其进行必要的定期修订。鉴于日本法律的修订程序极为繁杂，为此，日本的应对策略是在《食物·农业·农村基本法》的框架内，由农林水产省负责制定更为具体、可以替代《食物·农业·农村基本法》主要功能的《食物·农业·农村基本计划》，每五年对该计划进行一次修订（葭井功治，2001）。在修订时，要重点规划未来十年日本在食物、农业和农村领域的核心发展目标，围绕该目标的实现，还将制定一系列政策措施。此后，农林水产省在2000—2015年，先后对《基本计划》进行了四次修订（塩川白良，2019）。秉承这一制度安排，2019年9月，日本正式启动了对《基本计划》的第五次修订。

（二）2015年修订未能有效解决困扰日本农业发展的深层问题

整体来看，在2015年版《基本计划》的指引下，日本农业发展取得了一定成效。在最受关注的食物自给问题上，到2019年末，最为核心的热量自给率和产值自给率分别为38%和66%，虽然距2025年分别达到45%和73%的预定目标各有7个百分点的差距，但从另外一个角度看，它使日本农业的自给水平连续五年稳定在38%和66%上下浮动的区间，从而止住了日本从1965年以来长达50年的自给率持续下滑的颓势（见图9-1）。这增强了日本通过推进改革，进一步强化食物自给的信心，也为未来实现食物自给触底反弹赢得了喘息时间。结合其他方面指标，日本农业的发展同样有较好表现。例如，在事关农业生产能力基础的结构改革问题上，到2020年，日本的农业经营主体数量较2015年减少了21.9%，但法人类农业经营主体却增长了13.3%。同时，日本的农地集中事业也呈现"小步快跑"态势。到2020年，日本全国户均耕地面积达到3.1公顷，较2015年的2.5公顷增长了0.6公顷。其中，北海道地区从26.5公顷增加到30.2公顷，而都府县地区则从1.8公顷增加到2.2公顷。①

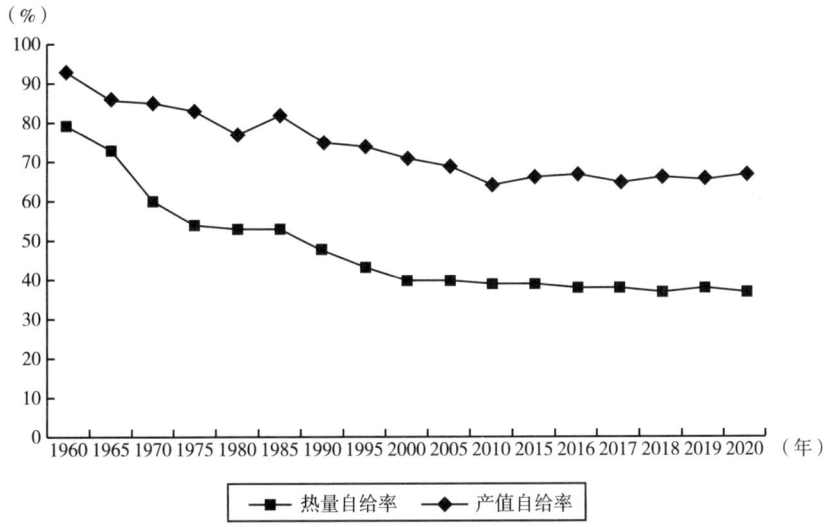

图9-1 日本食物自给情况变化趋势

资料来源：日本农林水产省发布的《日本食物自给报告》，https://www.maff.go.jp/j/zyukyu/zikyu_ritu/attach/pdf/012-6.pdf。

然而，困扰日本农业实现持续稳定发展的诸多深层次问题并未得到有效解决。食物自给率虽然已经企稳，但是整体依然处于低位（见图9-1），在新冠肺炎疫情持续暴发、全球农产品贸易存在较大不确定性的当下，农业部门对于保障国家粮食安全的基本功能尚无法履行，2015年版《基本计

---

① 资料来源：如未经特别说明，本章2015年和2020年相关数据均来自各自年份的《食物·农业·农村白皮书》。

划》的实施无论如何都不能称为"成功"（塩川白良，2019）。与此同时，日本农村的少子化、高龄化和青年农民流失等问题依然严重。2020年日本基干农业从业者的平均年龄为67.8岁，比2010年和2015年分别高出2岁和0.7岁。其中，49岁以下青年农民较2010年减少了30.7%，65岁以上群体占比则上升至接近70%（见图9-2）。受到少子、高龄以及二三产业不断挤占等综合因素影响，在日本已经完成工业化和城市化的情况下，农业用地依然不断减少。2020年，日本耕地面积为437万公顷，较2015年减少了13万公顷。即便如此，依然有近40万公顷耕地遭到废弃和抛荒，到2020年，日本的耕地利用率已经进一步下降为历史最低水平的91.4%（见图9-3）。时至今日，日本食物自给水平依然处于低位，关乎农业生产能力稳定的青年农民和有限农地持续流失，这意味着尚有诸多至今未能有效解决的深层问题还在困扰日本农业发展。基于此，日本很有必要对纲领性法律《基本计划》进行深度调整，以增强其解决日本农业发展存在的深层矛盾和问题的能力。

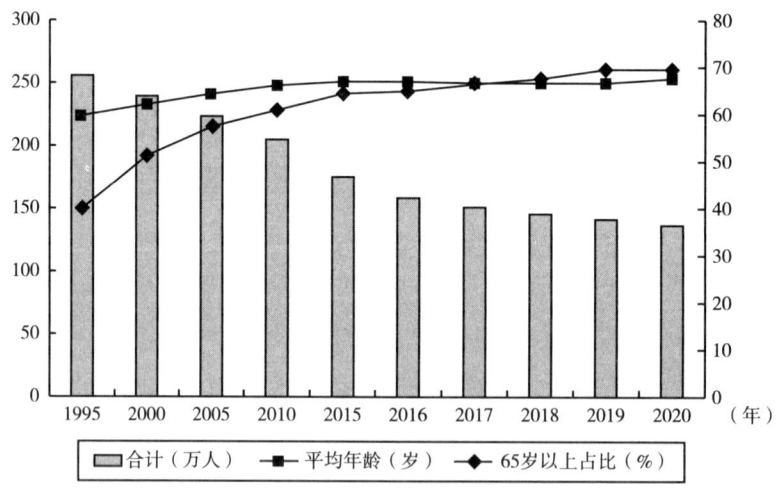

图9-2 日本基干农业者数量和年龄变化趋势

资料来源：历年《食物·农业·农村白皮书》。

第九章　修订"农业宪法"：聚焦小农生产的高质量发展

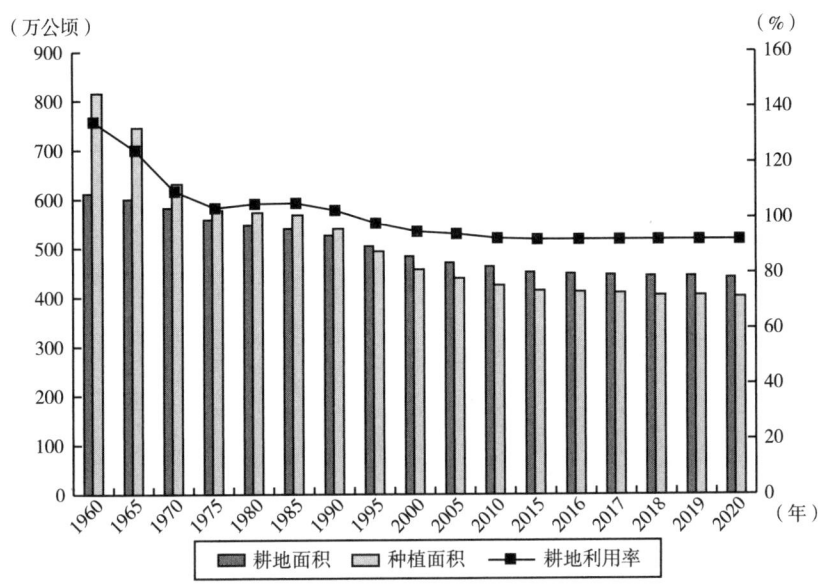

图 9-3　日本农地及其利用情况变化趋势

资料来源：日本农林水产省农地调查统计数据。

（三）需要对国内外推动小农高质量发展的呼声给予正面回应

对于全球农业来说，2015—2020年是一个多事之秋。全球增强粮食供给、消除饥饿和营养不良的努力一再受挫（樊胜根等，2019）；农业碳排放不降反升，全球变暖的困扰不断加剧；新冠肺炎疫情的蔓延持续威胁全球农业生产和粮食供给的稳定。世界范围内对于如何推进农业尤其是占有相当比重的小规模农业在生产能力、环境保护等诸多维度实现更高质量发展，正在掀起新一轮理念、模式和技术变革。在2015年联合国可持续发展峰会确立的17项可持续发展目标中，第一项、第二项和第十三项分别强调了小规模农业对于全球减贫、消除饥饿和应对气候变化的重要作用。联合国呼吁各国采取切实有效措施，引导小规模农业提升发展质量。在联合国粮农组织（FAO）、国际农业开发基金（IFAD）和联合国贸发会议（UNCTAD）等国际组织的推动下，2017年12月召开的联合国大会形成了旨在强化小规模家庭农业的决议《家庭农业十年（2019—2028）》，并再次呼吁国际社会增强对小规模农业的重视和投入。日本在通过上述决议的过程中均投票支持，且近年来，其正通过多方努力，积极寻求成为安理会常任理事国，在这些因素的综合作用下，日本有必要对联合国通过的上述决议给以积极回应。与此同时，日本国内对推进小规模农业实现高质量发展的呼声同样强烈。在2019年11月至12月，农林水产省在全国范围内进行了关于如何推进《基本计划》修订的政策咨询，在收到的339件反馈中，有82件直接提到"小规模农户"，要求从生产效率、农业继承、青年归农、气候变化等诸多维度推进政策调整，以帮助小农户实现更好发展。① 基于上述背景，日本将2020年修订《基本计划》的导向确定为推动小农生产实现高质量发展。

二、本次修订确立的政策目标

在历次修订《基本计划》时，日本均会在其主体部分首先设置未来十年农业发展的核心目标，之后，围绕该目标的实现，进行具体政策举措的部署。本次修订《基本计划》延续了这一惯例。

具体来看，提升食物自给率依然是未来10年日本农业发展的核心目标。对于食物自给率，其最为核心的二级指标包括热量自给率和产值自给率。前者以热量为计算依据，主要用来评估粮食生产水平，日本计划在2030年将热量自给率从2018年基期的37%提升至45%，这同2015版《基本计划》确立的目标持平；后者以产值为计算依据，主要用来评估农业经济活动，日本计划在2030年将该指标从基期的66%提升至75%，这一目标甚至比2015版《基本计划》确立的目标还高了2个百分点。仔细观察日

---

① 资料来源：农林水产省《食物·农业·农村基本计划政策咨询报告》，https：//www.maff.go.jp/j/council/seisaku/kikaku/bukai/attach/pdf/kikaku_1223-10.pdf。

本对上述两项指标设置的奋斗目标,可以发现如下特点:首先,日本的产值自给率明显高于热量自给率。呈现如此差异的主要原因是,日本近年来正在着力推进农村地区的"六次产业化",希望以此实现第一产业同其高度发达的二三产业的有机融合,进而实现农产品的价值增值。其次,相比于2015版《基本计划》,日本维持了热量自给率的目标不变,却将产值自给率进一步提升了2个百分点。这一方面体现了日本对其近五年来推进"六次产业化"的成效较为满意;另一方面也昭示了日本对未来十年继续推进"六次产业化",进一步拓展农产品价值提升空间的信心。对于同粮食安全关联更为直接的口粮自给,2018年日本的大米自给率为97.2%,日本曾于2015年将2025年大米自给率的目标提升至99%,本次修订中,日本进一步将该指标提升至101.1%。日本一再加码大米这一国民主要口粮的自给率,无疑表明了确保口粮自给对日本这一人多地少国家的极端重要性。2015年,在对《基本计划》进行第四次修订时,日本开始将"自给力"纳入自给率指标体系,其初衷是鉴于食物自给的极端重要性,日本不仅要明晰其农业部门为国民提供食物供给的现实能力,更要对其潜在能力有一个整体把握。在本次修订中,日本认为通过减少抛荒、废地修复等综合举措,日本的农业生产潜力有进一步挖掘的空间,因此其将粮食自给力从基期的912热量单位提高至2030年的1031热量单位(见表9-1)。

表9-1 新版《基本计划》设置的食物自给目标

项目		2018年(基期数值)	2025年(前次目标)	2030年(本次目标)
食物自给率	热量	37.0	45.0	45.0
	产值	66.0	73.0	75.0
	大米	97.2	99.0	101.1
	牛奶	58.6	65.2	59.9
	牛肉	35.5	46.0	42.6
	饲料	25.0	40.0	34.0
	自给力	912.0	—	1 031.0

资料来源:2020年《食物·农业·农村基本计划》。

三、本次修订确立的政策体系

为了推动日本小农实现高质量发展，进而高质量保障上述核心目标的实现，《基本计划》从七个方面对日本未来10年的农政体系进行了部署。通过梳理与整合，其主要政策包含以下六个领域。

（一）着眼供需两侧，整合国内国外，进一步确保食物的稳定供给

能够基于国民的多元需求，稳定地提供充足而又高质量的食物，是提高食物自给水平的应有之义；反过来讲，通过推行旨在确保食物稳定供给的具体措施，也就在客观上提升了国家的食物自给水平。基于此，新修订的《基本计划》将施策的首要着眼点放在了"确保食物的稳定供给"。总体来看，日本计划在未来10年从供给和需求两侧，整合国内和国际两种资源，全面增强农业部门为国民提供稳定食物供给的能力。

在供给侧，日本首先计划立足国内，沿着"初级农产品—农产品加工品—商品"的链条强化供给。具体来看，通过综合利用大数据和新育种技术，加快开发新型、多样的初级农产品；加快推进"六次产业化"，以需求为导向，提供高附加值的农产品加工品；整合食品流通链条，提升食品这一特殊商品相关产业的竞争力。鉴于日本当前的食物自给水平较低，因而很有必要加强对国际农业资源的利用。《基本计划》要求，未来要加强对国际食品供需的中长期分析研判，计划借助商业卫星，对世界主要粮食输出国的气象和主要农作物收成情况进行跟踪研究；在此基础上，日本将强化与粮食进口来源国的关系，以及加强同以非洲为重点的农业资源相对充裕的国家间的合作，进一步确保食物的稳定供给。

为了以高质量需求牵引和强化高质量供给，《基本计划》同样就未来10年应该如何开拓国内和国际两个市场进行了部署（见表9-2）。对于国

第九章 修订"农业宪法":聚焦小农生产的高质量发展

内市场,鉴于老年人对食物的消费潜力有限,因此日本将拓展市场的希望寄托在了年轻族群。日本计划面向青年人开展"食育",推广"日本式饮食生活";与此同时,通过提供专项补贴,鼓励学校和商家更多提供"和食"①,以增加年轻人尤其是儿童接触日本食品的机会。对于国际市场,日本认为,相比于国内市场在人口减少、老龄化加剧等背景下的消费潜力,国际市场在减少饥饿、改善营养等方面的食物消费潜力巨大。因此,未来日本农业应借鉴其第二产业的发展路径,更加倚重国际市场。2019年,日本农林水产和食品的出口额为9 121亿日元,虽然连续7年增加,但并未达到预设的1万亿日元的目标②。为了进一步扩大出口,日本计划打出一套"组合拳"。一是加强农林水产省与各驻外使馆、日本贸易振兴会(JETRO)等机构的对接与合作,由这些机构对各国的市场规模、饮食偏好等加强前期分析,从而确立目标市场;二是由日本食品海外宣传中心(JFOODO)牵头,对目标市场强化"和食""和文化"宣传,增强日本农产品的影响力和号召力;三是改革出口管理机制,以2019年出台的《促进农林水产和食品出口法案》为依据,在农林水产省创设农林水产和食品出口本部,由其牵头,对检验检疫、材料报批、设施完善、外贸融资等环节进行系统梳理,清除各类阻碍出口的因素。日本计划通过上述综合措施,到2030年实现农林水产和食品出口额5万亿日元的目标。

表9-2 确保食物稳定供给的相关举措

领域	概要	具体措施
确保食物的稳定供给	满足多元需求	①综合利用大数据和新育种技术,开发新型农产品,以满足多样化饮食需求;②加快推进"六次产业化",以需求为导向创造新的价值链;③整合食品流通链条,有效利用当前的认证和标准体系,提升食品产业竞争力;④减少食品浪费

---

① 2013年,日本将"和食"申报为联合国非物质文化遗产,正式申报名称为"和食:日本人的传统饮食文化"。具体介绍见农林水产省官方网站:https://www.maff.go.jp/j/keikaku/syokubunka/culture/#area4。

② 资料来源:2020年《食物·农业·农村基本计划》。

续表

领域	概要	具体措施
确保食物的稳定供给	开拓全球市场	①借助驻外使馆和JETRO等机构发掘海外食品需求，改革出口管理机制以消除阻碍出口的各类因素，通过JFOODO宣传"和食"和日本饮食文化；②加强对地理标志、植物新品种等知识产权的保护利用
	深化供需联系	①推广日本饮食理念，开展"食育"；②加大对"和食""和文化"的保护传承；③借助电商和社交网络密切消费者和生产者的联系
	强化食品安全	①在生产、制造和出口环节严把质量关；②落实食品标识制度，强化消费者信赖
	保障粮食安全	①以提升自给、增加储备、进口替代等综合手段，强化紧急情况下口粮供给的应对能力；②加强对国际食品供需的分析研判；③通过限制主要谷物出口、强化与进口国关系等手段，确保谷物的稳定供给；④推进与非洲等地区的农业国际合作；⑤加强动植物防疫检验检查
	应对国际冲击	①积极应对TPP、日欧、日英和日美等贸易协定对农业的冲击；②今后的经济合作谈判和WTO农业谈判继续着眼农业的基础地位

资料来源：2020年《食物·农业·农村基本计划》。

（二）从"人""地"和"技术"三个维度，强化和提升小农生产能力

为了在未来10年强化和提升小农生产能力，《基本计划》共出台了七项举措，覆盖"人""地"和"技术"三个维度（见表9-3）。

表9-3　　　　　　　　强化和提升小农生产能力的相关举措

领域	概要	具体措施
强化和提升小农生产能力	改善农民结构	①强化对"认定农业者"和各类农业法人的支持；②推行"工作方式变革"，鼓励青年人扎根农业
	提供生产便利	①增强对小型家庭农业的支持；②以人工智能辅助农业生产；③为残疾人、老人、外国人从事农业生产提供便利
	推动农地集中	①借助农地中间管理，推进"人和农地计划"；②检讨农地转用许可制度，防止和消除农地撂荒

第九章 修订"农业宪法":聚焦小农生产的高质量发展

续表

领域	概要	具体措施
强化和提升小农生产能力	保障经营稳定	①加大农业保险制度和"经营所得安定对策"的实施力度;②简化保险购买、补贴申请流程
	整备生产基础	①推进农业生产基础整备,为农业产业化创造条件;②推动农田水利升级换代;③增强农业农村的抗灾能力;④改革土地改良区的运营体制
	强化需求导向的生产基础	①强化旨在扩大生产能力、强化竞争力的畜牧业生产基础;②强化园艺作物的生产基础;③推进稻米政策改革,确保大米稳定供给;④开展农业生产过程管理,减少农业生产安全事故发生;⑤提供优质廉价的农业生产资料
	发展智慧农业	①加快推进智能技术推广利用;②提升农业政策实施环节的数字化水平;③推进农业数字技术研究开发

资料来源:2020 年《食物·农业·农村基本计划》。

"人"的维度:《基本计划》的理念是,"人"的可持续是农业生产能力可持续的基础和关键。为了实现"人"的可持续,《基本计划》要求在未来十年加快推进生产经营主体法人化和年轻化。为此,日本将继续推动农地向"农业法人"和"认定农业者"集中,帮助提升其农业生产效率;不仅如此,日本还计划通过"经营所得安定对策"给这一群体以定向支援,并在项目融资、税费减免等多个环节给予其特殊扶持[1]。日本实现"人"的可持续的第二个努力是推动农业生产队伍的年轻化。《基本计划》要求在农业领域推行"工作方式变革"[2],并在农业继承、青年培训、技术指导等多方面发力,提升农业对青年人的吸引力。为了进一步解除归

---

[1] 一段时间以来,日本农业发展深受"二兼滞留"的困扰,到 2021 年 2 月,日本纯农户和一兼农户合计占比仅约 22.4%,相比于经济起飞初期的 1960 年,下降了 45.5%,而包括仅将农业作为业余副业的农户在内的二兼农户占比则超过了 77.5%。二兼农户大量滞留农业不仅抑制了农业生产效率的提升,也不利于农业生产队伍的稳定。在此背景下,《基本计划》强调在未来十年继续向符合要求的部分农业经营主体提供定向支援,不仅是为了提升这一群体的生产效率进而夯实农业生产基盘,也暗含了其通过拉大各类兼业户与认定农业者和农业法人在成本和效益方面的差距,进而迫使这些兼业户加速离农的战略企图。

[2] 原文为「働き方改革」,主要包括:加强农民社会保险、强化农业共济制度、改善雇用管理制度、为老龄与残疾人提供就业机会和为育儿提供补助金及看护协助等。具体介绍见农林水产省官方网站:https://www.maff.go.jp/j/study/work/attach/pdf/index-9.pdf。

农青年的后顾之忧,《基本计划》要求从提高农业经营者终身收入的视角出发,向青年农民提供农业养老金补贴。在《基本计划》中,日本政府多次强调,实现农业领域"人"的可持续的关键,是使农业从业者获得不亚于其他产业从业人员的稳定收入。为此,在推行上述诸多措施的同时,农林水产省还将联合农业共济会、农业协同组合、农业法人协会等相关团体,构筑推进体制,加快推进农业保险的普及力度,帮助农业经营主体抵御风险,从而实现收入稳定。在此基础上,日本将基于多项正在实施中的补助金法案①,加大对各类农业生产经营主体的补贴力度,进一步提升其收入水平。

"地"的维度:《基本计划》将在农地集中和农地整备两个层面施策。在过去60年间,日本尝试了诸多手段推进农地集中,但成效并不显著(马红坤等,2019)。为了摆脱这一困境,《基本计划》将施策重点放在了"人与农地计划"和"农地中间管理机构"上。在本次修订中,日本政府反复提及"农地中间管理机构"。其要求,将农地中间管理事业和农地集成利用事业合并,并将这些权限整体赋予农地中间管理机构。日本政府的目的是,以此使农地中间管理机构不再局限于传统的"撮合交易"的角色,而是有权对获得委托的农地进行直接集成利用,从而大幅提升农地集中的推进效率。在推进农地集中的同时,为了实现农地集约利用,并为农业产业化经营提供便利,《基本计划》要求在未来10年强化对农地的整备。具体包括对农业水利设施的管理、维护和升级,以及同农机运转、ICT和农用无人机操作相关的其他农业基础设施的建设和整备。

"技术"的维度:《基本计划》指出,劳动力流失、人口老龄化等因素将在未来10年持续冲击日本的农业生产能力。在本次修订中,《基本

---

① 主要包括《关于支持农业承包商稳定经营的交付金法》(平成18年,第88号)、《畜牧经营安定法》(昭和36年,第183号)、《肉用小牛生产稳定特别措施法》(昭和63年,第98号)和《蔬菜生产稳定出货法》(昭和41年,第103号)等法案。

第九章　修订"农业宪法":聚焦小农生产的高质量发展

计划》将技术层面应对上述冲击的希望寄托在发展智慧农业。其认为,推进智慧农业,以智能技术赋能传统农业是实现农业生产能力稳定和持续的重要手段。为了加快智慧农业的推进,未来日本将重点加快智能技术的推广利用,提升农业政策实施环节的数字化水平以及推进农业数字技术的研究和开发。

(三)强化内生发展,激活发展活力,推进"中山间地区"振兴

一段时间以来,通过在农村地区实施"三大支柱"[①] 系列政策,日本振兴农村的努力已取得了一定成效(加集雄也,2020;谷口宪治,2021)。然而,受地形、交通和发展基础等不利因素制约,广大"中山间地区"[②] 一直是日本乡村振兴的短板(曹斌,2014)。基于此,加快"中山间地区"振兴对于推进日本农村的整体振兴至关重要。与此同时,鉴于"中山间地区"的农户数量、农地面积以及农业产值均高达全国的40%,夯实"中山间地区"的生产生活基础,为域内农业从业者提供安定、便利的生产生活条件,直接关乎日本强化农业生产、确保食物稳定供给目标的实现。综合上述背景,本次修订的《基本计划》将关注的重点放在了"中山间地区"的振兴上(见表9-4)。整体来看,《基本计划》推进"中山间地区"振兴的努力主要包含三类举措:一是强化"中山间地区"的内生发展能力;二是全面提升"中山间地区"的生产和生活条件;三是努力激发"中山间地区"的发展活力。

---

① 三大支柱包括:第一,通过强化生产基础来提高收益,激活农业;第二,通过农村多样的地域资源和其他领域的组合创造新的价值,确保收入和雇佣机会;第三,提高国民对农村的关心,创造出广泛支持农村的新动向和活力。

② 所谓"中山间地区",全称为"中山间农业区域",包含"中间农业区"(即平地外缘与山林交界区域)和"山间农业区"。对于"中山间地区"的具体范围,农林水产省有清晰界定,具体包括:一是都市区域及山间农业区域以外的966个市町村(有详细清单);二是山间农业区中,森林覆盖率超过80%且耕地率低于10%的731个市町村;三是根据《农业基本法》第35条的规定,"中山间区域"还包括《活化特定农山村区域内农林业等基础建设改善促进法》《山村振兴法》《过疏法》《半岛振兴法》和《离岛振兴法》等法律的适用区域。具体见农林水产省官方网站:https://www.maff.go.jp/j/nousin/tyusan/siharai_seido/s_about/cyusan/。

表 9-4　　　　　　　　振兴"中山间地区"的相关举措

领域	概要	具体措施
推进"中山间地区"振兴	保障收入和就业	①活用"中山间地区"的自然资源开展复合经营；②以"六次产业化"深挖农村资源的附加值；③扩大地域经济循环；④推进都市农业
	提升生产生活条件	①维持和强化地域社区功能；②发挥农业多功能性；③完善生活类基础设施；④防止鸟兽侵害
	激发地域发展活力	①夯实人才支撑；②展现农村魅力；③推进城乡交流，讲好乡村故事
	推进"三大支柱"	建立"中央—地方"协作机制，持续推动"三大支柱"

资料来源：2020 年《食物·农业·农村基本计划》。

在强化"中山间地区"的内生发展能力方面，《基本计划》的思路是，在未来十年要着力构建和强化"中山间地区"的"双循环"，即"资源—能源循环"和"生产—消费循环"。对于"资源—能源循环"，鉴于"中山间地区"具有充沛的生物质、水力和太阳能等可再生资源，在未来 10 年，日本将强化域内资源向能源的转变。具体来说，将以实现"能源闭环"为抓手，扩大对生物质发电、小水力发电、农业型太阳能发电设施的引进和推广，构筑不依赖大规模电力、使用域内可再生资源的分散型能源系统。为了克服交通、网络和地形等不利因素对农产品销售的制约，日本将强化《六次产业化·地产地消法》在"中山间地区"的落实，以地产地消的方式促进域内农产品"生产—消费循环"的形成。为此，日本将鼓励域内学校、医院、公益机构以及接受政府补助的餐饮场所，加大对本地农产品的消费力度，以此为抓手，带动"中山间地区"农产品地产地消风气的形成。

在提升"中山间地区"的生产和生活条件方面，为了增强对域内少子化、高龄化、人口流失以及由此产生的乡村治理效能低下等问题的应对，未来十年，日本将以合村并居的思路推进中山间地区"小据点"的建设。值得注意的是，《基本计划》强调，推进"小据点"建设绝非简单地实现各地农民的空间集合,而是要将更为优越的生产生活设施和更为现代的理念导入"小据点",实现其生产生活功能的强化和升级。《基本计划》要求,一方面,要实现农产品销售设施、学校、医院和其他观光、文化及福利设施向"小据点"集中;另一方面,还将准备连接"小据点"之间、"小据点"和周边村落之间的交通网络,在便利"小据点"居民的生产生活的同时,也能"以点带面",辐射带动其他村落的发展。

乡村振兴,人才振兴是关键(魏后凯等,2020)。为了激发"中山间地区"的发展活力,《基本计划》将政策着力点放在了推动"中山间地区"的人才振兴上。一方面,未来10年,日本将通过农业多样性维护补贴、"中山间地区"定向补贴以及环境保护型农业直接补贴等一系列补贴手段,强化对"中山间地区"农业生产者的扶持,缩小其同其他地区生产者的收入差距;另一方面,将着眼长远,通过组织更多的"体验农场""感受农泊""回归故乡"等活动,以及实施"儿童农山渔村交流项目",增强外界尤其是青少年及儿童对"中山间地区"的了解,增强"中山间地区"的吸引力;此外,日本还计划为新移民提供"带农田的空置房屋",以及构建一站式定居服务等综合手段,鼓励青年人向"中山间地区"移民。

(四)提升小农生产行为的环境友好水平,助力削减碳排放目标的实现

作为全球第三大经济体和第五大碳排放国,日本参众两院于2016年11月一致通过了《巴黎协定》,并向世界作出了2030年比2013年碳排放削减26%的承诺。为了从农业领域为碳减排目标的达成作出贡献,2017年3月,由时任首相安倍晋三亲自担任本部长的地球温暖化对策推进本部专门出台了《农林水产省地球温暖化对策计划》,对农业领域推进可再生能源利用、生产过程脱碳化、农畜牧业减排、碳隔离和储存以及活用生物质资源等作出部署(農林水産省,2017)。2019年1月,日本合并革新战略推进会议出台了"革新的环境改革战略",再次强调了农林水产领域推进环境革新、强化农业用地的碳隔离和碳贮存的重要性(内阁府,2021)。对于上述法案中的目标和举措,《基本计划》进行了再次确认。在此基础上,《基本计划》还要求,在未来10年间,日本将着力实施和完善具有更强环保导向的农业直接支付制度,并要求对政策实施的环保效应进行跟踪和评价;对于推动碳减排难度较大的农村地区,日本计划大量引进性能更加可靠的设备,加快推进农村家畜排泄物等生物资源的生物气化,并确立了到2030年,农村地区电力消耗100%可再生能源化的目标;为了进一步规范农业生产,日本将重点落实有机JAS认证,广泛推进有机农业;鉴于土壤对于碳减排的重要性,未来10年,日本将推动各都道府县地区土壤质量调查数据实现共享,还计划利用无人机,在更为广阔的范围对土壤质量进行诊断,以此为土壤修复打下数据基础;此外,日本还将扩大对生产和使用可降解农用地膜的商家和农户的补贴力度,要求在未来10年实现废弃农用地膜的彻底回收和合理利用。

(五)检视涉农团体改革的成效,提升其服务小农、组织小农和强化小农的能力

《基本计划》指出,在小农生产格局下,作为日本农业生产主力的广大小农户,其生产规模小、组织程度低、经营活动散漫无序,这不利于巩固和强化农业生产基础。为了维系和强化农业生产能力,《基本计划》认为,日本应该加强对各类农民团体的审视,通过对这些农民团体功能发挥与运营效率的反复检讨,提升其组织小农、服务小农、强化小农的目的。在本次修订中,《基本计划》主要提及了对日本农协系统、农业委员会系统和农业共济系统的检视。鉴于由前首相安倍晋三领导的自民党政府曾于2013—2015年对上述主要团体进行了大刀阔斧的改革,在2015年修订《基本计划》时,也已对相关改革措施进行了确认。因此,新版《基本计划》没有再对已经推行多年的举措进行反复陈述,只是强调要在重点领域

对这些举措的推动和落实进行检讨和审视。

具体来看，对于农协系统，在未来10年，日本将进一步强化其为农民提供资金支持的信用事业和提供生产生活援助的共济事业，推进农协进行自我改革；在此基础上，《基本计划》要求重点审视农协系统在提高小农户收入水平、协助小农户进行农产品销售和生产材料供给等方面的功能是否得到有效发挥。对于农业委员会系统，《基本计划》要求加强对2015年修订的《农业委员会法》实施情况的检讨。而对于农业共济系统，则要求其加强与行政部门、农协系统和农业法人协会等团体的合作，建立一套更为完善的农业保险推进机制，以此加快农业保险在日本的普及。

（六）多措并举，增强小农户应对自然灾害和各类突发事件的能力

生产活动容易受到自然灾害和各类突发事件的冲击，这是农业弱质性的重要体现。对于生产规模小、资本实力差的广大小农户来说，其抵御上述风险的困难更大。如何增强小农提前应对灾害和实现灾后恢复的能力，事关小农高质量发展的推进。在本次修订《基本计划》时，日本政府对此进行了专项部署。

在应对自然灾害方面，未来10年，日本一方面将着手培育抗灾能力更强的动植物新品种，从根本上增强农业生产抵御自然灾害的能力；另一方面，计划从硬件和软件两个维度出发，开发农业防灾和减灾技术，并加大其推广普及力度；鉴于自身地震多发的现实，日本将推动修建更多的抗震大棚，还将通过"国土强韧化基本计划"的实施，增强农业水利设施的抗震等级。为了帮助小农户增强从自然灾害中快速复工复产的能力，日本于2018年1月专门制定了"大规模灾害时的农林水产业设施及公共土木设施灾害恢复事业评估方针"（農林水産省，2019）。《基本计划》要求在该方针的基础上，进一步提高对小农户受灾情况的审定效率，允许在审定手续完成前即先行动工进行生产自救，以此加快农业生产设施的早期修复。为了帮助小农户减少因灾害产生的损失，《基本计划》再次强调了加快推广

和普及各类农业保险的重要性。

当前，新冠肺炎疫情在日本持续蔓延，其对农业生产的冲击主要体现在供给侧的人力短缺和需求侧的消费不足。[①] 由于阶段性人力短缺主要是由在日本当前防疫政策影响下，外国农业技能实习生赴日受阻造成的，农业部门即便出台措施，对此也无济于事，因此《基本计划》给出的应对策略更多体现在需求侧。一方面，日本计划通过开展国产农产品消费运动以扩大内需；另一方面，计划跟踪其农产品主要出口国的防疫政策，抓住时机，扩大农产品的出口。

四、与 2015 年《基本计划》的比较

为了帮助小农应对新情况和新问题，加快推进小农生产实现高质量发展，2020 年修订的《基本计划》同 2015 年修订版在诸多方面存在差异。通过对这些差异的比较，无疑将有助于洞悉未来 10 年日本农政转型的基本导向和施政重点。

（一）从强调农业竞争力到强调小农高质量发展的导向变迁

2012 年 9 月，安倍晋三实现二次执政，在其带领下，日本积极参与 TPP 谈判。自贸协议一旦签署，必将极大冲击一直以来受到高度保护的日本农业。为了增强农业部门应对国际冲击的能力，变"防御型"保护为"进攻型"支持，尽快增强农业竞争力，是日本政府最为现实的选择。基于此，执政仅一个月之后，安倍内阁即设立了产业竞争力会议、进攻型农

[①] 受防疫政策限制，中国、印度和蒙古等国的农业技能实习生入境日本受限，导致日本农业人力供给明显不足，具体见：https://ceron.jp/url/www.agrinews.co.jp/p50207.html；对于消费不足，例如：农林中金研究所调查显示，2020 年 4 月，日本家庭用于食物的消费同比下降了 6%，具体见：https://www.nochuri.co.jp/genba/pdf/otr20200619.pdf。

第九章 修订"农业宪法":聚焦小农生产的高质量发展

林水产业推进本部、农林水产业地区活力创造本部等旨在强化农业竞争力的常设机构。安倍晋三首相更是亲自担任农林水产业地区活力创造本部的本部长。在其主持和推动下,2013年12月,农林水产业地区活力创造本部制定了《农林水产地区活力创造计划》,成为日本发展进攻型农业、提高农业竞争力的核心文件。在2013年日本农业支持的理念从防御转向进攻后,在2015年3月第四次修订《基本计划》时,提高农业竞争力自然成为政策修订的核心导向。

相比之下,2020年版《基本计划》具有明显不同的出台背景。日本本身是一个小农国家,其农业发展近年来深受过度依赖补贴、生产效率低下、竞争力弱化的困扰,小农生产的发展质量有很大的提升空间。鉴于2015—2020年,日本国内外对于推动小农实现高质量发展的呼声日益高涨。积极回应上述呼声,一方面有利于其树立国际形象,进而为其一直谋求的入常(加入联合国常任理事国)目标加分;另一方面,也有利于其提升小农发展质量的自身利益。在此背景下,在2019年着手修订《基本计划》时,日本政府不再仅关注"竞争力",而是将其作为农业发展的一个方面,与此同时,进一步提升政策广度,着眼包括"竞争力"在内的多维农业发展目标,将修订导向确定为推动小农生产实现高质量发展。

(二)食物自给率的核心目标更趋务实

食物自给率是在历次修订《基本计划》时,日本政府均会重点报告的未来10年农业领域的核心奋斗目标。比较前后两版《基本计划》中的食物自给率指标,可以发现相比于2015版本,在2020年修订的《基本计划》中,除了产值自给率和大米自给率有小幅提升之外,其他自给率指标均保持不变或有不同程度的下降,饲料和牛肉自给率的下调幅度更是分别达到6和3.4个百分点。事实上,在2000—2015年对《基本计划》进行的四次修订中,虽然每次修订均会设定未来10年的各项自给率目标,但这些目标一次均未实现。在《基本计划》这样具有"农业宪法"地位的文件中,反复设置难以达成的奋斗目标，不仅丧失了设置目标以激励本国农业发展的初衷，也容易让农业生产者乃至国民逐渐无感。从这个角度上讲，虽然到 2030 年，日本农业能否实现 2020 年设定的奋斗目标依然难以预料，但相比于过去反复加码以致目标趋于空中楼阁的做法，本次修订下调大部分目标，体现了日本近年来农业政策的制定更加趋向务实。与此同时，对各项自给率目标进行更深层次的分析，可以发现，在食物自给率最为核心的热量自给率和产值自给率两项指标中，日本保持热量自给率不变，而提升了产值自给率的目标。上述指标的变动表明，在未来 10 年，日本将更加重视农村地区"六次产业化"的推进，以此提升农产品的附加值。而在主要农产品自给率中，相比于牛奶和牛肉自给率的下降，日本进一步上调了主要口粮作物大米的自给率，使之超过 100%，这昭示了日本未来确保口粮绝对安全的决心。

（三）施政重点作出明显调整

需要说明的是，对于历次修订的《基本计划》，其整体政策框架均是按照 1999 年《食料·农业·农村基本法》的规定进行布局和展开的。然而，虽然政策框架有相似之处，但由于历次《基本计划》的政策导向和核心目标各不相同，因此其施政重点也相应呈现出明显差异。其中，2015 年版《基本计划》的政策导向为强化农业竞争力，在此导向下，政策重点主要包含借助中间管理机构加快农地流转、构建日本版的直接支付制度、推动农协和农业委员会改革等。相比之下，本次修订《基本计划》的政策导向为推动日本小农生产实现高质量发展，具有更大的内涵和外延。在此导向下，《基本计划》的政策重点主要包括强化小农生产的经营基础，稳定和增强小农生产力，补齐"中山间地区"发展短板，提升生产过程的环境友好程度等。整体来说，后一次修订涵盖的议题与囊括的举措较前一次均有明显增加。

（四）2020 年修订专门部署了对新冠肺炎疫情的应对举措

与 2015 年相比，2020 年日本农业生产的最大变数之一是尚未得到完全控制的新冠肺炎疫情。基于此，相比于 2015 年版《基本计划》，本次修订将"应对新冠肺炎疫情"单独列为一项独立的主干政策措施。对于具体举措，其主要涉及应对人力不足和促进国内食物消费两个方面，并对后一个方面进行了重点部署。

五、日本最新修订《基本计划》对中国的启示

（一）基本启示

1. 立足小农、服务小农、强化小农应是中国推动农业高质量发展的根本遵循

纵观近年来日本在农政领域的努力，可以发现增强小农生产的竞争力和推动小农生产实现高质量发展是其施政的两个基本导向。在上述导向下，日本反复设定和调整目标，构建和完善农政体系，甚至在一定程度上存在"屡败屡战""屡战屡败"的情形。姑且不论其目标设置是否恰当，政策举措是否得力，仅是其不回避小农生产短板，选择立足小农生产实际，不遗余力地多角度谋划和制定服务小农和强化小农政策体系的努力即给人深刻印象。同日本相似，人多地少、耕地细碎零散也是中国别无选择的天然资源禀赋，这一点在当前和今后一段时间内均无可回避，也不能回避，更无须回避。未来中国试图补齐农业发展短板，以农业高质量发展助推经济实现整体高质量发展，就必须直面这一生产实际。只有在立足这一生产实际的基础上，不遗余力地构建服务小农、强化小农，进而促进小农生产同现代农业实现有效衔接的政策体系，才是推动农业实现高质量发展的根本出路。

2. 确保粮食安全，尤其是口粮绝对安全是推动小农高质量发展的第一要义

同对《基本计划》的历次修订一致，未来10年的食物自给率是本次修订设置的核心目标，政策层面的具体措施均是为了推动这一核心目标的高质量实现而部署和展开的。由此可见尽最大可能提升食物自给水平、确保粮食安全在日本领导人心中的分量。不仅如此，在《基本计划》中，日本专项设置大米这一主要口粮作物的自给目标，并将这一目标加码至超过100%，为了确保这一目标的实现，还专门部署推进大米政策改革，这无疑昭示了保证大米这一口粮作物的绝对安全对日本的重要意义。

一段时间以来，中国构建了增产导向明显的农业支持政策体系，在其推动下，中国农业生产连续14年取得丰收，为保障国家粮食安全作出了巨大贡献。然而，不能否认的是，增产导向的农业支持政策也因片面强调增产，在客观上导致了中国农业竞争力弱化、高质量发展程度不足等一系列问题。基于此，学术界、产业界要求推动农业支持政策改革的呼声较为强烈。日本的做法启示我们，对于一个人多地少的国家，粮食安全，尤其是口粮安全在任何时候都具有极端重要性。农业支持政策的问题不在于强调增产，而在于片面强调增长的同时忽视了其他功能。未来，中国进行旨在推进小农实现高质量发展的农业支持政策改革，应该以更高质量地强化其促进稳产保供的基本功能为依归，只有找准这一政策改革的立足点，才能避免改革出现顾此失彼的可能。

3. 实现"人""地"和"技术"的高质量是推动小农高质量发展的关键

大量小规模农户在细碎零散的农地上开展农业生产，是传统小农生产的基本形态。在此形态下，小农户资本实力弱、文化程度低、组织程度差，这些不利因素叠加农地分布细碎零散的资源禀赋短板，在很大程度上限制

了现代农业生产技术的推广和使用。"人""地"和"技术"尚不能实现高质量,也就谈不上建立在其基础之上的农业生产的高质量。在本次修订的《基本计划》中,日本计划继续在"人""地"和"技术"三个维度着力推动改革:以"认定农业者""农业法人""集落营农"等众多手段,实现对传统小农的组织、强化和再造;借助"农地中间管理机构""人和农地计划"等机构和机制,实现细碎零散农地的重新调整和分配,辅之以农地整备,实现全国农地的提升和强化;通过推进智慧农业,将传统工业4.0技术导入传统农业,实现农业生产的新旧动能转换。整体来看,日本的思路是通过推进"人""地"和"技术"的高质量,以之带动传统小农实现高质量发展。这一思路及相应的政策体系,值得任何希望提升小农发展质量的国家进行有选择的借鉴。

4. 以合村并居强化农村内生发展能力是推动小农高质量发展的重要方面

农村是农民进行生产生活的主要场所,农村振兴和农业高质量发展具有辩证统一关系。简单来讲,农村实现振兴,即能为农民提供更为优越的生产生活条件,这显然有利于推动农业实现高质量发展;另外,农业是农村的主要产业形态,农业高质量发展,必然带动农村整体实现产业兴旺,而这正是农村振兴的重要内核。然而,近年来在东亚诸国,均出现了不同程度的人口流失、村庄凋敝、乡村治理的效能低下等问题。对于这些问题,《基本计划》的应对思路是循序渐进地推动合村并居,通过导入现代生产、生活场景和各种福利设施,强化"小据点"内生发展能力的同时,也提升其对其他村民的吸引力;与此同时,完善"小据点"之间以及"小据点"和其他村落间的交通和网络连接,增强"小据点"的辐射带动作用。日本上述做法对中国的基本启示是,为了应对当前农村地区已经出现的村庄凋敝问题,循序渐进地推进合村并居很有必要。但合村并居仅是手段,并非最终目的。只有在推动合村并居的同时,提升新社区的生产生活条件,增强其内生发展能力,才能不断增强其长久吸引力和辐射能力,进而助力域内小农实现高质量发展。

5. 强化农业投入,加大各类补贴力度是推动小农高质量发展的重要手段

纵览本次修订的《基本计划》全文,日本对其"三农"领域名目繁多的补贴和支付给人印象深刻。据不完全统计,在《基本计划》全文中,仅"支付""补助"两个词语即分别出现了19次和7次,覆盖大米种植、农田整备、农业保险、"中山间"振兴、"小据点"建设、"和食"选用以及生物多样性保护等诸多方面。可以说,日本农民在生产生活的各个环节均能得到政府不同程度的"真金白银"的援助。在《基本计划》中,日本政府多次强调,维持农业领域人的稳定和高质量发展的关键,是使农业经营者获得不亚于其他产业从业者的收入。对于日本来说,提高农业生产效率,通过增强农业部门的内生发展能力提升从业者收入水平固然是其施政的重要目标,但是不能否认,这一目标的实现需要相当长一段时间。而在此过程中,为了维系和提升农业生产群体的发展质量,实现以"人"的高质量带动农业高质量这一既定目标,强化国家对农业的资金投入,加大对农民的直接补贴力度,是一个重要的"以时间换空间"的权宜之计。

(二)政策建议

基于最新修订《基本计划》中核心目标和具体举措的启示,提出如下四点助力中国小农生产实现高质量发展的具体政策建议。

1. 政府主导设立农地流转中间机构,强化赋权,加快推进农地流转

在《基本计划》中,日本计划将农地中间管理事业和农地集成利用事业相关权限一并赋予农地流转中间机构,以此强化其联结农地流转双方、对拟流转农地直接进行集成利用的职能。中国可借鉴这一做法,由各级政府主导成立农地流转中间机构，以权力清单的形式赋予其依法代为处置待流转农地的权限，以此加快农地流转效率，尽快实现农地适度规模经营。

2. 加快推动以基因编辑技术为代表的农业生物技术产业化

近年来，日本正在加大智慧农业和生物育种领域的投入力度，以期实现农业发展的"新旧动能转换"。对中国来说，"智慧农业"更多停留在概念阶段，但包括生物育种技术在内的农业生物技术则不然。以水稻这一主粮作物为例，中国在水稻领域具有世界领先的生物技术储备，但是一直以来受制于"可以吃但不可以种""可以研究但不可以产业化"的现实，大量技术被束之高阁。建议中国循序渐进，加快推进以基因编辑技术为代表的低风险农业生物技术的产业化，以此带动生物育种加快发展，从而以新动能助力中国小农生产实现高质量发展。

3. 进一步挖掘和培育农产品品牌资源，增强小农生产的软实力

中国农耕历史悠久，农产品潜在的品牌资源极为丰富。建议由各级政府统一推动，进一步挖掘各地文化符号强烈、地域特征明显的农产品品牌，通过向其注入文化内涵，打好农产品的"文化牌"；通过提供运营和宣传经费的定向补贴，强化对品牌的运营和维护；强化质量监督，对官方认证的农产品品牌进行动态调整，以此提升农产品品牌的公信力。

4. 整合资源，向国内外讲好小农生产的"中国故事"

建议借鉴日本面向国内外推介"和食""和文化"的思路，着力向国内外讲好小农生产的"中国故事"。一是整合国内媒体资源，在黄金时段、显著版面播放和报道制作精良、具有浓厚农耕文化底蕴的农业农村故事片或平面新闻，拉近国民尤其是青年群体同中国"三农"的情感距离；二是向回归田园、体验农村主题的青少年游学活动提供补贴，引导青少年更多感受中国深厚的农耕文明；三是借鉴日本成立日本食品海外宣传中心

（JFOODO）的做法，组建面向海外推介包括农产品在内的中国产品的外宣机构，扩大对"中国故事"的宣传力度。

六、本章小结

2020年3月，日本政府对"农业宪法"《食物·农业·农村基本计划》进行了第五次修订。本次修订基于推动小农高质量发展的基本导向，设置了2030年日本农业在保障食物自给方面的奋斗目标，围绕该目标的实现，从增强食物供给能力、强化小农生产基础、激发偏远地区活力、推动小农绿色生产、提升小农抗冲击能力和检视农民组织改革成效等六个维度进行了未来十年的政策部署。本次修订的启示是：立足小农、服务小农、强化小农是推动小农高质量发展的根本遵循；确保粮食安全是推动小农高质量发展的第一要义；实现"人""地"和"技术"的高质量是推动小农高质量发展的关键；强化农村内生发展是推动小农高质量发展的重要方面；加大农业投入是推动小农高质量发展的重要手段。通过梳理日本最新修订《基本计划》的思路和举措，本章提炼总结出了对中国推动农业高质量发展的启示和做法。

参考文献

[1] 曹斌. 乡村振兴的日本实践：背景，措施与启示 [J]. 中国农村经济，2018（8）：117—129.

[2] 曾宪明. 城市化进程中的农地制度变迁 [M]. 武汉：武汉大学出版社，2016.

[3] 陈建安. 日本的产业政策与企业的行为方式 [J]. 日本学刊，2007（5）：71—83，160—161.

[4] 陈玉萍，丁士军，孙飞. 新时代中国农业农村的发展困境与出路——基于邓小平农业"两个飞跃"理论的视角 [J]. 毛泽东邓小平理论研究，2018（3）：6—12，107.

[5] 董娟. 日本科技人才培养政策与企业实践 [J]. 中国人力资源开发，2008（9）：74—78.

[6] 樊胜根，张玉梅，陈志钢. 逆全球化和全球粮食安全思考 [J]. 农业经济问题，2019（3）：4—10.

[7] 冈部守等. 日本农业概论 [M]. 北京：中国农业出版社，2004：5.

[8] 高强，孔祥智. 日本农地制度改革背景、进程及手段的述评 [J]. 现代日本经济，2013（2）：81—93.

[9] 关谷俊作. 日本的农地制度 [M]. 金洪云，译. 北京：生活·读书·新知三联书店，2004：1—5.

[10] 郭曦，齐皓天，钟涨宝. 日本第四次修订《食品、农业和农村基本法》及启示 [J]. 中国人口·资源与环境，2016，26（7）：169—176.

[11] 国务院发展研究中心农村经济研究部. 构建竞争力导向的农业政策体系 [M]. 北京：中国发展出版社，2017：136—157.

[12] 侯宏伟，温铁军. 日本农协理性：合作属性与垄断属性的相辅相成 [J]. 世界农业，2019（7）：15—24.

[13] 侯秀芳，王栋. 新时代下我国"智慧农业"的发展路径选择 [J]. 宏观经济管理，2017（12）：64—68.

[14] 胡凌啸，周应恒. 提升小农竞争力：日本农业新政策的指向及启示 [J]. 中国农村经济，2018（2）：126—138.

[15] 胡亚兰，张荣. 我国智慧农业的运营模式、问题与战略对策 [J]. 经济体制改革，2017（4）：70—76.

[16] 黄季焜，胡瑞法. 农业科技投资体制与模式：现状及国际比较 [J]. 管理世界，2000，16（3）：170—179.

[17] 晖峻众三. 日本农业150年 [M]. 胡浩，译. 北京：中国农业大学出版社，2011：85—87.

[18] 蒋璐闻，梅燕. 典型发达国家智慧农业发展模式对我国的启示 [J]. 经济体制改革，2018（5）：158—164.

[19] 金仁淑. 后危机时代日本产业政策再思考：基于日本"新增长战略" [J]. 现代日本经济，2011（1）：5—11.

[20] 李慧泉，毛世平. 人力资源对中国农业科研院所创新效率的影响——兼论科技创新模式选择的重要性 [J]. 科技管理研究，2020，40（12）：96—103.

[21] 李建民. 战后日本科技政策演变：历史经验与启示 [J]. 现代日本经济，2009（4）：46—52.

[22] 李平，刘智君，王维薇. 中日农业科技创新体系建设的比较分析 [J]. 农村经济与科技，2018，29（21）：1—3，28.

[23] 李勤昌，石雪. 日本强化农业保护的经济与政治原因 [J]. 现代日本经济，2014（2）：48—58.

[24] 李世杰. 智慧农业发展双向驱动机制研究 [J]. 科技管理研究, 2019, 39 (10): 85—90.

[25] 刘德娟, 周琼, 曾玉荣. 日本农业经营主体培育的政策调整及其启示 [J]. 农业经济问题, 2015 (9): 104—109, 112.

[26] 刘丽伟, 高中理. 美国发展"智慧农业"促进农业产业链变革的做法及启示 [J]. 经济纵横, 2016 (12): 120—124.

[27] 刘启明, 李晓晖. 关于如何完善土地流转的制度探讨——基于日本农地中间管理制度的分析与启示 [J]. 中国农业大学学报（社会科学版）, 2018, 35 (2): 95—105.

[28] 刘松涛, 王林萍. 新《农协法》颁布后日本农协全面改革探析 [J]. 现代日本经济, 2018 (1): 25—36.

[29] 龙江, 靳永辉. 我国智慧农业发展态势、问题与战略对策 [J]. 经济体制改革, 2018 (3): 74—78.

[30] 卢荣善. 经济学视角：日本农业现代化经验及其对中国的适用性研究 [J]. 农业经济问题, 2007 (2): 95—100, 112.

[31] 芦千文, 姜长云. 日本发展农业生产托管服务的历程、特点与启示 [J]. 江淮论坛, 2019 (1): 59—66, 88.

[32] 芦千文, 姜长云. 我国农业生产性服务业的发展历程与经验启示 [J]. 南京农业大学学报（社会科学版）, 2016, 16 (5): 104—115, 157.

[33] 马红坤, 李言, 毛世平. 提升小农竞争力：中国农业突围的现实选择及日韩典型经验 [J]. 经济学家, 2020 (2): 99—108.

[34] 马红坤, 毛世平 (a). 从防御到进攻：日本农业支持政策转型对中国未来选择的启示 [J]. 中国软科学, 2019 (9): 18—30.

[35] 马红坤, 毛世平 (b). 日本和欧盟农业支持政策的转型路径比较与启示 [J]. 华中农业大学学报（社会科学版）, 2019 (5): 46—53, 166—167.

[36] 马红坤, 毛世平, 李燕妮. 日本农地改革的"两个飞跃"：比较

分析与经验启示 [J]. 经济体制改革, 2019 (5): 158—164.

[37] 毛烨, 王坤, 唐春根, 等. 国内外现代化农业中物联网技术应用实践分析 [J]. 江苏农业科学, 2016 (4): 412—414.

[38] 潘素昆, 张玉梅. 日本重点产业政策评析 [J]. 山西财经大学学报, 2005, 27 (6): 67—70.

[39] 平力群. 日本农业政策的转向: 从社会政策到产业政策 [J]. 现代日本经济, 2018 (2): 1—12.

[40] 朴京玉. 日本农民年金制度对农地流转的影响 [J]. 农业经济, 2009 (9): 27—28.

[41] 汝刚, 刘慧, 沈桂龙. 用人工智能改造中国农业: 理论阐释与制度创新 [J]. 经济学家, 2020 (4): 110—118.

[42] 阮蔚. 日本农协面临的改革难题及对中国的启示 [J]. 中国农村经济, 2006 (7): 72—76.

[43] 石俊华. 日本产业政策与竞争政策的关系及其对中国的启示 [J]. 华东经济管理, 2008, 22 (10): 133—136.

[44] 苏杭, 李智星. 日本"进攻型农业"政策的实施及启示 [J]. 现代日本经济, 2017, 36 (2): 12—20.

[45] 孙江超. 我国农业高质量发展导向及政策建议 [J]. 管理学刊, 2019, 32 (6): 28—35.

[46] 王丰. 新时代中国特色农业现代化"第二个飞跃"的逻辑必然及实践模式 [J]. 经济学家, 2018 (3): 82—88.

[47] 王红玲, 柏振忠. 世界农业科技服务体系比较与借鉴 [J]. 科技进步与对策, 2004, 21 (12): 76—78.

[48] 王乐君, 赵海. 日本韩国发展六次产业的启示与借鉴 [J]. 农村经营管理, 2016 (7): 9—14.

[49] 王学君, 周沁楠. 日本粮食安全保障策略的演进及启示 [J]. 现代日本经济, 2018 (4): 69—84.

[50] 王应贵. 当代日本农业发展困境、政策扶持与效果评析[J]. 现代日本经济, 2015（3）: 51—60.

[51] 魏后凯, 郜亮亮, 崔凯, 等. "十四五"时期促进乡村振兴的思路与政策[J]. 农村经济, 2020（8）: 1—11.

[52] 魏后凯. 中国农业发展的结构性矛盾及其政策转型[J]. 中国农村经济, 2017（5）: 2—17.

[53] 魏晓莎. 日本农地适度规模经营的做法及借鉴[J]. 经济纵横, 2015（5）: 124—128.

[54] 温娟. 日本近现代农业政策研究[M]. 南京: 江苏人民出版社, 2019: 182—185.

[55] 温铁军, 侯宏伟, 计晗. 日本高米价背后的农协垄断及其政党联系[J]. 农业经济问题, 2016, 37（2）: 100—109.

[56] 伍振军. 改革农业支持政策 提升农业竞争力[J]. 发展研究, 2017（9）: 21—25.

[57] 小宫隆太郎, 余晷鹏. 日本产业政策争论的回顾和展望[J]. 现代日本经济, 1988（3）: 5—8.

[58] 邢晓柳. 中日农业科技发展比较研究[J]. 世界农业, 2014, 35（7）: 135—138, 211.

[59] 熊桉. 农业科技成果转化: 从外生向内生转变的机制与模式研究[J]. 农业技术经济, 2019, 295（11）: 83—92.

[60] 薛鹏飞, 李国景, 罗其友, 等. 中国农业科技资源水平区域差异及空间结构研究[J]. 农业技术经济, 2021, 313（5）: 108—120.

[61] 杨玉珍, 黄少安. 乡村振兴战略与我国农村发展战略的衔接及其连续性[J]. 农业经济问题, 2019（6）: 77—85.

[62] 叶兴庆, 翁凝. 拖延了半个世纪的农地集中——日本小农生产向规模经营转变的艰难历程及启示[J]. 中国农村经济, 2018（1）: 124—137.

[63] 叶兴庆, 伍振军, 周群力. 日本提高农业竞争力的做法及启示 [J]. 世界农业, 2017 (9): 4—10.

[64] 叶兴庆. 迈向2035年的中国乡村: 愿景、挑战与策略 [J]. 管理世界, 2021, 37 (4): 98—112.

[65] 叶兴庆. 我国农业支持政策转型: 从增产导向到竞争力导向 [J]. 改革, 2017 (3): 19—34.

[66] 余欣荣. 大力促进农村一二三产业融合发展 [J]. 求是, 2018 (8): 20—22.

[67] 张豪, 张向前. 日本适应驱动创新科技人才发展机制分析 [J]. 现代日本经济, 2016 (1): 76—85.

[68] 张建. 日本农业结构改革中的农协问题分析 [J]. 华东师范大学学报（哲学社会科学版）, 2015, 47 (2): 83—91, 170.

[69] 赵颖文, 吕火明. 农业人口高龄化危机: 日本应对措施及对中国的启示 [J]. 农村经济, 2014 (12): 120—125.

[70] 智瑞芝, 袁瑞娟, 肖秀丽. 日本技术创新的发展动态及政策分析 [J]. 现代日本经济, 2016 (5): 83—94.

[71] 智瑞芝. 日本产学合作演变及政府的主要措施 [J]. 现代日本经济, 2009 (3): 34—39.

[72] 中国自动化学会. 国外智慧农业发展现状: 日本智慧农业发展经验借鉴 [J]. 智慧农业情报周刊, 2015 (71): 1—4.

[73] 安冈澄人. スマート農業の推進 [J]. 日本ロボット学会誌, 2017, 35 (5): 362-365.

[74] 坂本忠弘. 農林漁業成長産業化支援機構に聞く6次産業化の支援と地域金融機関との連携のポイント バリューチェーンを結合し新たな中核産業を育成（特集 アグリビジネスの成長をサポートする: 6次産業化を見据えた異業種とのマッチング提案）[J]. 近代セールス, 2013, 58 (8): 32-37.

[75] 本間正義,神門善久.日本農業の国際化と政治・農協の変革[D].経済産業研究所,2004.

[76] 本間正義.スローガンではなく,組合員の所得向上を図る道筋を示せ:全中と全農は,JA を強くするための組織変革が急務(特集 農協改革 中間検証)[J].金融財政事情,2017,68(38):16-19.

[77] 本間正義.農協はどこへ向かうのか:改革論議をめぐって(特集 農協改革をどう見るか)[J].酪農ジャーナル = Dairy journal,2016,69(2):15-17.

[78] 大多和巖.農林漁業の成長産業化に向けた「A-FIVE」の役割(特集 農林漁業成長産業化ファンド)[J].農業協同組合経営実務,2013,68(8):18-22.

[79] 飯田康道.JA 全中の改革 手足を縛る「司令塔」に最期通牒 新会長の双肩に新生 JA の道筋(農協猶予5年)[J].エコノミスト,2016,94(9):82-84.

[80] 飯田康道.融和と弱腰の間で揺れる TPP 対策 ドキュメント 農協"解体"からの不安な船出(特集 TPP で激変する日本の食)[J].週刊東洋経済 = Weekly toyo keizai,2015(6633):90-92.

[81] 福田アジオ.錯圃制耕地の形成と近世村落[J].国立歴史民俗博物館研究報告,1996(66):141-166.

[82] 高橋賢.食料産業クラスター政策の問題点[R].2013.

[83] 谷口憲治.グローバリゼーション下の農村振興と実現要因[J].就実経営研究,2021(6):23-34.

[84] 谷口憲治.食料・農業・農村基本法の成立過程にみる特質と課題[J].農業生産技術管理学会誌,2000,7(1):1-5.

[85] 後藤英之.6次産業化研究の現状と今後の課題[J].商学討究,2018,68(4):53-63.

[86] 磯田宏.日本におけるメガ FTA/EPA 路線と「世界農業」化農

政の矛盾と転換方途 [J]. 立命館食科学研究, 2021 (3): 15-34.

[87] 加集雄也. 農村政策等について [J]. 農業経済研究, 2020, 92 (3): 286-291.

[88] 葭井功治. 食料・農業・農村基本計画 [J]. 農業土木学会誌, 2001, 69 (1): 76-76.

[89] 経済産業省製造産業局産業機械課.「ロボット革命」の実現に向けて [Z]. 経済産業省, 2015.

[90] 両角和夫. 我が国農業問題の変化と農協の新たな課題: 地域社会の維持, 存続に貢献する体制のあり方 [J]. 農業研究: 日本農業研究所研究報告: bulletin of the Nippon Agricultural Research Institute, 2013 (26): 209-250.

[91] 内閣府. 革新的環境イノベーション戦略 [Z]. 2021-01-21.

[92] 内閣官房. 農業情報創成・流通促進戦略など IT 戦略関連の取組 [Z]. 2015.

[93] 内田龍之介. 農協改革と EPA 対策: 農業成長産業化の政治過程 [J]. 政策創造研究 = The journal of policy studies, 2018 (12): 127-159.

[94] 農林水産省.「大規模災害時における農林水産業施設及び公共土木施設災害復旧事業査定方針」解説 [Z]. 2019-04.

[95] 農林水産省. 農林水産省地球温暖化対策計画 [J]. 政策特報, 2017 (1521): 15-41.

[96] 農林水産省. 農林水産業・地域の活力創造プラン [J]. 政策特報, 2014, 49 (14): 19-47.

[97] 農林水産省. 農林水産業の活性化について [Z]. 農林水産省, 2019.

[98] 農林水産省.「攻めの農林水産業」の実現に向けた新たな政策の概要 [Z]. 2014-08.

[99] 農林水産省. スマート農業実証プロジェクト [Z]. 農林水産

省, 2020.

[100] 農林水産省. 農業競争力強化支援法案について [Z]. 2019 – 04.

[101] 農林水産食料産業局. 農林漁業成長産業化ファンドの概要 [Z]. 2019 – 09.

[102] 農林水産業・地域の活力創造本部. 農林水産業・地域の活力創造プラン [Z]. 2018 – 06 – 01.

[103] 農林水産業・地域の活力創造本部. 農林水産業・地域の活力創造プラン [J]. 政策特報, 2014 (1449): 19 – 47.

[104] 農林水産業・地域の活力創造本部. 農業競争力強化プログラム [Z]. 2016 – 11 – 29.

[105] 農林水産業地域の活力創造本部. 農林水産業地域の活力創造プラン [Z]. 2018 – 06 – 01.

[106] 平野智巳. 農林漁業成長産業化ファンド – その仕組みと活用事例 [J]. 水産振興. 2019 – 10 – 01.

[107] 千葉諭, 信太道子, 新井俊裕. 農業競争力強化支援法案について: 生産資材価格の引下げと農産物の流通・加工の構造改革 [J]. Journal of the Research Bureau of the House of Representatives, 2017 (14): 277 – 295.

[108] 清水徹朗, 乔禾. 日本农业政策与农协改革相关动向及日本农业的未来展望 [J]. 世界农业, 2016 (8): 95 – 101.

[109] 日下祐子. 担い手への農地集積・集約化の加速化に向けて. 立法と調査 [J]. 2019 (415): 95 – 106.

[110] 石田信隆. TPPと農産物貿易政策 [J]. 農林金融, 2011 (9): 2 – 12.

[111] 石田正昭. 農協は地域に何ができるか [M]. 農文協, 2012.

[112] 首相官邸. 世界最先端IT国家創造宣言について [Z]. 2013.

[113] 首相官邸. 日本再興戦略 [Z]. 2013 – 06.

[114] 寺田，隆至，松井隆幸．戦後日本産業政策の政策過程 [J]．行財政研究，1997（7）：38-40．

[115] 松本納広．「攻めの農林水産業」の実現に向けた新たな政策の概要（『攻めの農林水産業』に応える農業技術～北陸地域が目指す方向とは）[J]．北陸作物学会報，2015（50）：81-83．

[116] 西育矢，岩城達宏，笹倉悠也，等．若者の新規就農促進策 [R]．ISFJ日本政策学生会議．2016：1-47．

[117] 小池恒男．「平成の農政改革」が提示している食料・農業・農村をめぐる論点の開示 [J]．農林業問題研究，2000，35（4）：165-170．

[118] 小島大徳．日本再興戦略とコーポレート・ガバナンス [Z]．2014．

[119] 小針美和．動き出す農地中間管理機構と現場からの示唆 [J]．農林金融，2014（6）：17-34．

[120] 塩川白良．食料・農業・農村基本法の理念と政策展開 その実績と今後 [J]．農業経済研究，2019，91（2）：146-163．

[121] 植田展大．構造再編が進む日本農業と2020年の食料・農業・農村基本計画 [J]．農林金融，2021，74（1）：31-51．

[122] 衆議院農林水産委員会．第196回国会会議録第20号 [Z]．2018．

[123] 佐藤彩生．観光活性化ファンドによる地域金融機関の観光振興への取組み [R]．2017．

[124] Al-Hassan R M. Farm household level impacts of information communication technology (ICT) – based agricultural market information in Ghana [J]. Journal of Development and Agricultural Economics, 2013, 5 (4): 161-167.

[125] EUROPEAN COMMISSION (a). Climate and environmental chal-

lenges facing EU agriculture and rural areas [R]. Luxembourg: Publications Office of the European Union, 2018.

[126] EUROPEAN COMMISSION (b). Proposal for a regulation of the European Parliament and of the council [R]. Brussels: European Commission, 2018.

[127] EUROPEAN COMMISSION (c). Common Agricultural Policy post – 2020 legislative proposals [R]. Brussels: European Commission, 2018.

[128] USDA. Broadband resources for rural America [EB/OL]. https://www.usda.gov/topics/rural/rural-development-innovation-center, 2018.

[129] Vaishar A, St'astna M. Smart village and sustainability. Southern Moravia case study [J]. European Countryside, 2019, 11 (4): 651–660.